上海市职业教育"十四五"规划教材
世界技能大赛项目转化系列教材

餐厅服务

Restaurant Service

主 编 ◎ 胡跃忠 孟 伟

世界技能大赛项目转化系列教材编委会

主　　任：毛丽娟　张　岚

副主任：马建超　杨武星　纪明泽　孙兴旺

委　　员：（以姓氏笔画为序）

马　骏　卞建鸿　朱建柳　沈　勤　张伟罡

陈　斌　林明晖　周　健　周卫民　赵　坚

徐　辉　唐红梅　黄　蕾　谭移民

序

　　世界技能大赛是世界上规模最大、影响力最为广泛的国际性职业技能竞赛，它由世界技能组织主办，以促进世界范围的技能发展为宗旨，代表职业技能发展的世界先进水平，被誉为"世界技能奥林匹克"。随着各国对技能人才的高度重视和赛事影响不断扩大，世界技能大赛的参赛人数、参赛国和地区数量、比赛项目等都逐届增加，特别是进入21世纪以来，增幅更加明显，到第45届世界技能大赛赛项已增加到六大领域56个项目。目前，世界技能大赛已成为世界各国和地区展示职业技能水平、交流技能训练经验、开展职业教育与培训合作的重要国际平台。

　　习近平总书记对全国职业教育工作作出重要指示，强调加快构建现代职业教育体系，培养更多高素质技术技能人才、能工巧匠、大国工匠。技能是强国之基、立国之本。为了贯彻落实习近平总书记对职业教育工作的重要指示精神，大力弘扬工匠精神，加快培养高素质技术技能人才，上海市教育委员会、上海市人力资源和社会保障局经过研究决定，选取移动机器人等13个世赛项目，组建校企联合编写团队，编写体现世赛先进理念和要求的教材（以下简称"世赛转化教材"），作为职业院校专业教学的拓展或补充教材。

　　世赛转化教材是上海职业教育主动对接国际先进水平的重要举措，是落实"岗课赛证"综合育人、以赛促教、以赛促学的有益探索。上海市教育委员会教学研究室成立了世赛转化教材研究团队，由谭移民老师负责教材总体设计和协调工作，在教材编写理念、转化路径、教材结构和呈现形式等方面，努力创新，较好体现了世赛转化教材应有的特点。世赛转化教材编写过程中，各编写组遵循以下两条原则。

原则一，借鉴世赛先进理念，融入世赛先进标准。一项大型赛事，特别是世界技能大赛这样的国际性赛事，无疑有许多先进的东西值得学习借鉴。把世赛项目转化为教材，不是简单照搬世赛的内容，而是要结合我国行业发展和职业院校教学实际，合理吸收，更好地服务于技术技能型人才培养。梳理、分析世界技能大赛相关赛项技术文件，弄清楚哪些是值得学习借鉴的，哪些是可以转化到教材中的，这是世赛转化教材编写的前提。每个世赛项目都体现出较强的综合性，且反映了真实工作情景中的典型任务要求，注重考查参赛选手运用知识解决实际问题的综合职业能力和必备的职业素养，其中相关技能标准、规范具有广泛的代表性和先进性。世赛转化教材编写团队在这方面都做了大量的前期工作，梳理出符合我国国情、值得职业院校学生学习借鉴的内容，以此作为世赛转化教材编写的重要依据。

原则二，遵循职业教育教学规律，体现技能形成特点。教材是师生开展教学活动的主要参考材料，教材内容体系与内容组织方式要符合教学规律。每个世赛项目有一套完整的比赛文件，它是按比赛要求与流程制定的，其设置的模块和任务不适合照搬到教材中。为了便于学生学习和掌握，在教材转化过程中，须按照职业院校专业教学规律，特别是技能形成的规律与特点，对梳理出来的世赛先进技能标准与规范进行分解，形成一个从易到难、从简单到综合的结构化技能阶梯，即职业技能的"学程化"。然后根据技能学习的需要，选取必需的理论知识，设计典型情景任务，让学生在完成任务的过程中做中学。

编写世赛转化教材也是上海职业教育积极推进"三教"改革的一次有益尝试。教材是落实立德树人、弘扬工匠精神、实现技术技能型人才培养目标的重要载体，教材改革是当前职业教育改革的重点领域，各编写组以世赛转化教材编写为契机，遵循职业教育教材改革规律，在职业教育教材编写理念、内容体系、单元结构和呈现形式等方面，进行了有益探索，主要体现在以下几方面。

1. 强化教材育人功能

在将世赛技能标准与规范转化为教材的过程中，坚持以习近平新时代中国特色社会主义思想为指导，牢牢把准教材的政治立场、政治方向，把握正确的价值导向。教材编写需要选取大量的素材，如典型任务与案例、材料与设备、软件与平台，以及与之相关的资讯、图片、视频等，选取教材素材时，坚定"四个自信"，明确规定各教材编写组，要从相关行业企业中选取典型的鲜活素材，体现我国新发展阶段经济社会高质量发展的成果，并结合具体内容，弘扬精益求精的工匠精神和劳模精神，有机融入中华优秀传统文化的元素。

2. **突出以学为中心的教材结构设计**

教材编写理念决定教材编写的思路、结构的设计和内容的组织方式。为了让教材更符合职业院校学生的特点，我们提出了"学为中心、任务引领"的总体编写理念，以典型情景任务为载体，根据学生完成任务的过程设计学习过程，根据学习过程设计教材的单元结构，在教材中搭建起学习活动的基本框架。为此，研究团队将世赛转化教材的单元结构设计为情景任务、思路与方法、活动、总结评价、拓展学习、思考与练习等几个部分，体现学生在任务引领下的学习过程与规律。为了使教材更符合职业院校学生的学习特点，在内容的呈现方式和教材版式等方面也尝试一些创新。

3. **体现教材内容的综合性**

世赛转化教材不同于一般专业教材按某一学科或某一课程编写教材的思路，而是注重教材内容的跨课程、跨学科、跨专业的统整。每本世赛转化教材都体现了相应赛项的综合任务要求，突出学生在真实情景中运用专业知识解决实际问题的综合职业能力，既有对操作技能的高标准，也有对职业素养的高要求。世赛转化教材的编写为职业院校开设专业综合课程、综合实训，以及编写相应教材提供参考。

4. **注重启发学生思考与创新**

教材不仅应呈现学生要学的专业知识与技能，好的教材还要能启发学生思考，激发学生创新思维。学会做事、学会思考、学会创新是职业教育始终坚持的目标。在世赛转化教材中，新设了"思路与方法"栏目，针对要完成的任务设计阶梯式问题，提供分析问题的角度、方法及思路，运用理论知识，引导学生学会思考与分析，以便将来面对新任务时有能力确定工作思路与方法；还在教材版面设计中设置留白处，结合学习的内容，设计"提示""想一想"等栏目，起点拨、引导作用，让学生在阅读教材的过程中，带着问题学习，在做中思考；设计"拓展学习"栏目，让学生学会举一反三，尝试迁移与创新，满足不同层次学生的学习需要。

世赛转化教材体现的是世赛先进技能标准与规范，且有很强的综合性，职业院校可在完成主要专业课程的教学后，在专业综合实训或岗位实践的教学中，使用这些教材，作为专业教学的拓展和补充，以提高人才培养质量，也可作为相关行业职工技能培训教材。

编委会

2022 年 5 月

前　言

一、世界技能大赛餐厅服务项目简介

餐厅服务（Restaurant Service）项目作为世界技能大赛社会服务类比赛项目历史悠久。我国参赛选手自2015年起参加该项目比赛。在与众多欧洲选手用英语比拼西方餐饮文化的不断挑战中，我国选手从排名居中迅速提升到世界第9名，亚洲第2名，进步显著。

餐厅服务指的是餐厅服务从业者为客人提供高质量的系列就餐服务。从简单的自助餐服务到为客人提供桌边菜肴制作的精致服务，都要求从业者具备丰富的餐饮文化常识、专业的服务技能、得体的服务礼仪、良好的对客沟通技巧和灵活的应变能力。比赛内容涉及各国美食、饮料以及葡萄酒等广泛的知识和公众认可的服务规程。每届比赛的项目会有调整，以2019年第45届喀山世界技能大赛为例，餐厅服务项目比赛共分为5个模块，包含19个工作任务。5个模块分别为咖啡服务、酒吧服务、休闲餐厅服务、宴会服务和精致餐厅服务。通过考察经典咖啡制作、花式咖啡制作、自创咖啡制作、红酒推荐、红酒服务、鸡尾酒制作、无酒精饮料制作、自创鸡尾酒制作、包边台、餐巾折花、休闲餐厅餐前准备和对客服务、宴会餐前准备和对客服务、精致餐厅餐前准备和对客服务、自创Flambé制作、起泡酒服务、水果拼盘等独立任务的实际操作，完成对选手的服务技能、行业规范、职业素养和语言能力的多元评价。

餐厅服务项目旨在培养从业者严格遵守操作流程和行业标准的规范意识，认真负责、严谨细致、主动关注、精益求精的职业态度，尽心专注、大胆钻研、敢于创新、文化自信的职业追求，进而塑造适应企业经营和发展的综合职业素养。餐厅服务项目的多项任务设置和综合能力评价很好地整合了职业教育中相关专业的学习内容，在课程联动和专业互动间提供了很好的指引。国际标准综合了众多国家的文化特点和交流互动需求，为职业教育的国际化发展提供了方向和资源。

二、教材转化路径

从世赛项目到教材的转化，主要遵循两条原则：一是依据世赛的职业技能标准和评价要求，确定教材的内容和具体模块的学习目标，充分体现教材与世界先进标准的对接，突出教材的先进性和综合性；二是教材编写符合学生的学习特点和教学规律，以从易到难、从单一到综合的方式确定教材的内容体系，构建起有利于教与学的教材结构，把世赛的标准和规范融入具体学习任务中。

根据世赛项目的内容，结合专业教学实际，本教材确定了餐前准备、对客接待、席间食物服务、席间酒水服务、酒吧服务和咖啡服务6个工作场景，设计了符合学生学习特点和教学规律的19个任务。接到对客服务的任务后，通常需要确定服务员的岗位职责和工作要求，明确任务分工、划分工作区域、了解工作内容、厘清工作原理、确定工作方法和准备工作工具。因此针对工作任务，可以通过思考"是谁"（WHO）、"在哪里"（WHERE）、"做什么"（WHAT）、"为什么做"（WHY）、"怎么做"（HOW）和"用什么做"（WITH）这样的"6W路径"来确定任务的解决方案。在每个任务中，引导学生从情景任务出发，以需求为导向，构建一个完整的服务场景，让学生深入其中，在实践中运用基础知识，面对真实的服务情境调整优化服务。让学生在拓展学习中进一步提升学习水平，在思考与练习部分培养主动探究的能力，在每个任务的最后设计技能训练板块，强化学生的技能实操，巩固理实一体学习效果，进一步提升学习水平。

为了更贴近社会，教材中设计的情景任务都发生在上海某酒店。这是一家展现世界设计潮流和当代艺术美学与中国传统文化相融合的奢华海派文化酒店，集合了上海最精致的餐厅和最优质的服务，以集中体现世界技能大赛餐厅服务项目的高标准和国际化。作为全球最高的酒店，它拥有7家各具特色的餐厅和行政酒廊，涵盖提供沪菜、地中海美食的海之韵零点餐厅，提供中西融合菜肴的海纳精致餐厅、海逸行政酒廊和海茗咖啡厅等。这家酒店立足上海，面向全球，服务世界。

在高度仿真的工作场景中，以世界技能大赛提出的国际标准为评价依据，让服务更有温度，让学习更有态度。

前言

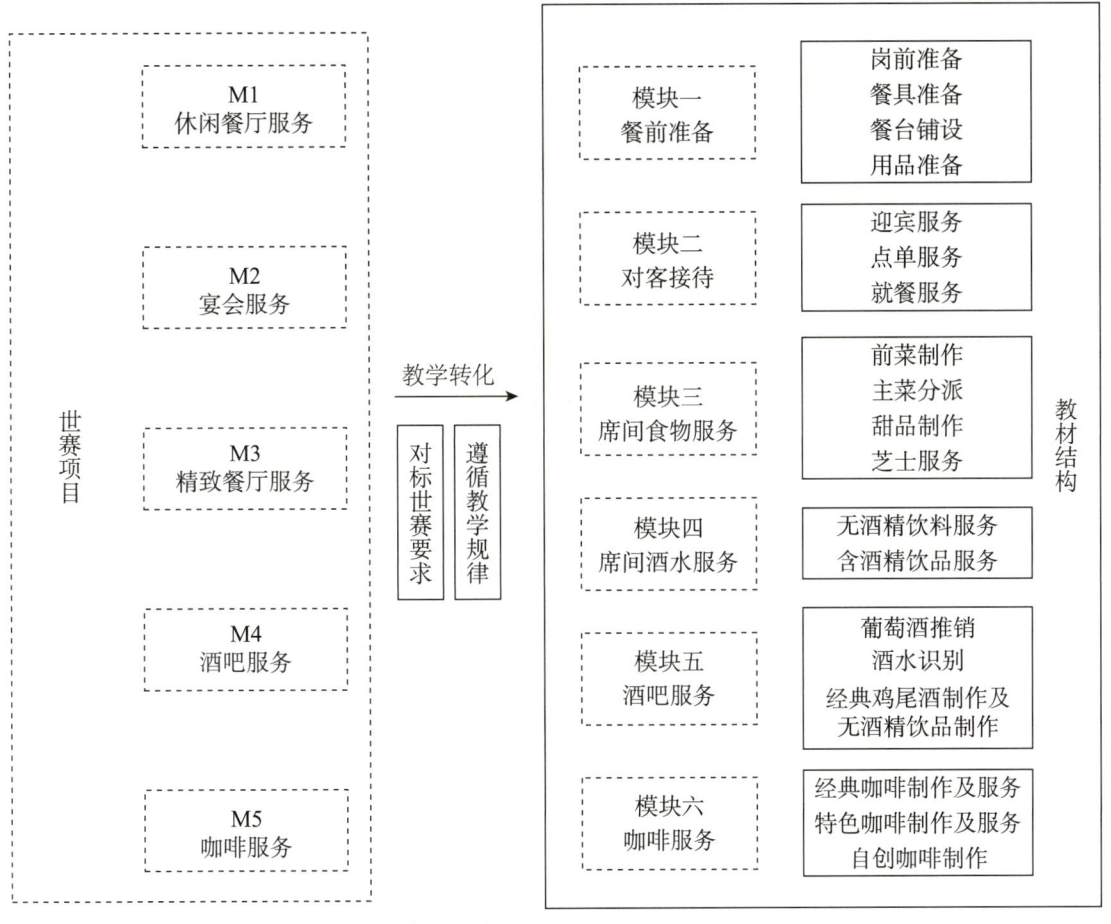

餐厅服务项目教材转化路径图

目　录

模块一　餐前准备

任务 1　岗前准备 …………………………………………… 3
任务 2　餐具准备 …………………………………………… 10
任务 3　餐台铺设 …………………………………………… 21
任务 4　用品准备 …………………………………………… 30

模块二　对客接待

任务 1　迎宾服务 …………………………………………… 43
任务 2　点单服务 …………………………………………… 51
任务 3　就餐服务 …………………………………………… 59

模块三　席间食物服务

任务 1　前菜制作 …………………………………………… 77
任务 2　主菜分派 …………………………………………… 87
任务 3　甜品制作 …………………………………………… 100
任务 4　芝士服务 …………………………………………… 110

模块四　席间酒水服务

　　任务 1　无酒精饮料服务 ………………………………… 121

　　任务 2　含酒精饮品服务 ………………………………… 129

模块五　酒吧服务

　　任务 1　葡萄酒推销 ……………………………………… 141

　　任务 2　酒水识别 ………………………………………… 148

　　任务 3　经典鸡尾酒制作及无酒精饮品制作 …………… 157

模块六　咖啡服务

　　任务 1　经典咖啡制作及服务 …………………………… 169

　　任务 2　特色咖啡制作及服务 …………………………… 180

　　任务 3　自创咖啡制作 …………………………………… 188

　　附　录　《餐厅服务》职业能力结构 …………………… 197

作为一天工作的开始,餐厅营业前的准备工作非常重要。为保证对客服务的顺利进行,员工需要按照企业要求,自查仪容仪表和精神状态、检查工作场所的安全和卫生,按照餐厅菜单内容准备所需餐具、铺设不同类型的餐台、准备就餐用品和原料等。

精神饱满的工作状态包括保持良好的个人卫生、穿着干净整洁的工作制服、佩戴工作铭牌、面带微笑、充满自信。工作场所的安全卫生包括场地环境安全卫生、设施设备安全卫生、各类家具安全卫生和工作车安全卫生。餐具包括客人就餐用的餐盘、不锈钢(银质)餐具、玻璃(水晶)杯和餐台公共用品等。需要铺设的餐台包括早餐台、午晚餐台、宴会餐台、零点餐台等。就餐用品和原料包括冰桶、工作车及服务工具、客人就餐必备的调料等。

做好仪表准备和心理准备的员工可以更清晰地树立岗位角色意识;在安全卫生的工作环境中欢迎客人,会为客人带来舒适的就餐感受;能根据客人就餐需求布置不同台型、铺设不同台面则是优秀员工扎实基本功的呈现;能根据餐厅的餐单特点进行餐具用品准备和调味料制作更是一名优秀服务员专业知识丰富和对客服务周到的潜在体现。

图 1-0-1　第 45 届世界技能大赛中国参赛选手餐巾折花比赛现场

任务 1　岗前准备

学习目标

1. 能展示优秀服务员应有的高品质与综合素养，包括良好的卫生习惯、得体专业的着装和仪表、有礼有度的言谈举止。
2. 能了解和掌握与健康安全、饮食环境、食品操作、食物卫生与服务相关的法律和规定。
3. 能呈现规范、专业的服务态度，以及高度的责任心和主动性。
4. 能恰当运用服务规范进行严格的卫生检查及整改。
5. 能及时发现并纠正餐厅内的安全及卫生隐患，始终确保用餐空间和服务空间安全、干净、整齐。

情景任务

作为海之韵餐厅的服务员，请你根据餐厅特点，按照服务规范和要求进行岗前准备，包括仪表仪态检查、餐厅环境检查和餐厅安全检查。

查一查

查阅资料，了解世界上常见的餐厅类型，并了解不同餐厅的特点。

思路与方法

一、工作人员（WHO）

餐厅服务员。包括预订岗位、迎宾岗位、值台岗位、传菜岗位、酒水吧台岗位等的服务人员。

二、工作区域（WHERE）

餐厅工作区域。包括就餐区、吧台区、服务准备区、备餐区、设施设备区等。

三、工作内容（WHAT）

1. 仪表仪态准备。保持良好的个人卫生习惯，整理适合工作场合的得体专业的妆容、仪表和姿态。

2. 工作规范准备。确认已熟记员工的岗位职责和要求、餐饮服务行业涉及的职业道德及相关的法律和规定。

3. 工作环境准备。在熟悉餐厅类型和环境特点的基础上，按照当日工作内容和要求进行环境安全检查、卫生检查和环境布置。熟知工作环境易出现的安全隐患和相应的处理办法。确认工作环境中的设施设备运转完好且安全放置。

> **说一说**
>
> 餐厅的安全包括哪些内容？

四、工作原理（WHY）

餐厅每天正式营业前，全部当值员工在班前会时要了解当天餐厅的工作安排和要求，领取工作任务，确认工作区域。仪表仪态检查是上岗后的第一个工作任务，每个服务员都应该呈现出最佳的工作状态迎接一天的工作。而安全、整洁、卫生的工作环境是正常营业和对客提供优质服务的前提条件，因此上岗后的第二个工作任务是根据餐厅的接待任务对餐厅进行相应布置，然后进行精细对标的卫生检查和安全检查，及时发现问题并妥善处理，保证就餐环境的安全和就餐辅助功能的顺利实现。

安全无小事，餐饮业是直接和食品安全紧密相连的行业，每位从业者都必须牢记安全规范和卫生要求。要牢固树立安全和规范的意识，除了熟记职业规范、安全和卫生相关的法律法规外，还要在每天的工作中对相关内容进行具体落实、不断强化和随时补充。

五、工作方法（HOW）

1. 员工进行个人卫生检查。保持面部干净、口腔清洁；保持清雅淡妆；保持头发干净；指甲剪短，不涂指甲油；不佩戴饰物。

2. 员工按照餐厅规定穿好工作服、工作鞋，佩戴丝巾、领带、领结或帽子，确保工作制服整洁、挺括、完好、合体。工作铭牌应端正戴在左胸上方，易于客人辨认。

3. 员工自查精神面貌和仪表仪态。面带自然微笑，站姿端庄自然，步态自信大方，举止有礼得体。

4. 提前到岗，签到；参加班前会，接受领班或主管分配的工作。

5. 按照接待任务布置餐厅环境。

6. 严格按照卫生规范和安全条例检查家具、餐桌、餐椅、门、地

> **议一议**
>
> 哪种微笑是发自内心的笑容？什么是可以听得到的微笑？

毯、墙壁装饰物等设施的卫生情况和置放安全。

7. 严格按照操作规范、卫生要求和安全条例，检查各类服务车、照明、空调、排风、音响、冰箱、冰柜、制冰机、咖啡机等设备的卫生情况和安全使用状态。

8. 检查其他可能存在安全隐患的位置，及时发现问题并妥善处理，确保环境安全，正常使用。

查一查

餐厅的安全操作规程有哪些？其中哪些是禁止性规定？

六、工作工具（WITH）

1. 工作制服（Uniform）。
2. 工作钥匙（Keys or Cards）。
3. 清洁用具（Cleaning Tools）。

活动

班前会上，部门主管对每位员工的仪表仪态进行检查后，布置了今天的接待任务——宴会厅有100人的客户答谢晚宴，需要做好个人仪表仪态准备、工作环境准备和设施设备准备工作。

一、仪表仪态检查

请按照下面的检查内容和要求开展员工自查和组内互评。

表1-1-1　个人仪表仪态检查对照表（Personal Appearance）

检查项目	检查内容及要求
规范的着装	• 按规定穿好工作服，工作服整洁、挺括、完好、合体； • 工作铭牌端正戴在左胸上方，易于辨认； • 女士穿好规定丝袜，不得有破洞或跳丝； • 男士穿好深色袜子，不穿露脚踝的短袜； • 按规定穿好黑色工作鞋，鞋面保持干净； • 按规定整齐佩戴丝巾、领带或帽子
洁净的仪表	• 洁净清爽的个人卫生，保持面部干净、口腔清洁、头发干净、指甲缝干净； • 女士应保持清雅淡妆，口红颜色适宜； • 女士不披发，头发按餐厅规定塞入发网，佩戴头花； • 男士头发长度合适，前不过眉，后不搭衣领，两鬓不过耳，按餐厅规定打理发型； • 指甲剪短，不涂指甲油； • 工作时间不佩戴饰物，如手镯、耳环等（婚戒除外）

(续表)

检查项目	检查内容及要求
得体的仪态	• 发自心底的自然微笑，亲切大方，不卑不亢； • 端庄自然的站姿，随时关注工作需要并采取行动； • 自信大方的步态，迅速且轻盈地转换不同工作地点； • 举止得体有礼，注重礼仪，体现尊重，传递热情，彰显品位和自信

二、环境卫生安全检查

员工根据岗位不同，分组进行环境布置和安全卫生检查。请按照下面的检查内容和标准进行组内工作检查和组间互查。

表 1-1-2 环境卫生安全检查对照表（Security and Hygiene Checklist）

检查项目	检查内容和标准
门、窗	• 服务门和餐厅门、窗能正常使用； • 开关任何门、窗时无噪声发出； • 门、窗表面和把手清洁无污迹
家具、桌椅	• 家具、餐桌、餐椅放置到位； • 家具、餐桌、餐椅平稳无晃动； • 家具、餐桌、餐椅完好无损，无污迹、无异物
墙壁装饰物	• 墙面所有装饰物安放牢固，无晃动； • 装饰物表面、边框及四周墙壁洁净； • 装饰物无破损、无褪色
地毯	• 餐厅内各处地毯须保持清洁无异物； • 地毯表面无破损、无附着物； • 地毯衔接处平整且无开胶现象

查一查

餐厅卫生相关的法律规范有哪些？其中哪些是禁止性规定？

三、设施设备安全卫生检查

负责设施设备的服务人员应定期检查电气设备、各类设施的完好和漏电情况，确保设施设备正常安全使用。每天上班前，还要再次检查确认设施设备安全、整洁和正常使用。请按照下面的检查内容和标准对工作场所内需要使用的相关电气设备和设施进行检查，确保电气设备安全使用和卫生达标。

表 1-1-3　设施设备安全卫生检查对照表（Equipment & Facilities Checking）

检查项目	检查内容和标准
服务车	• 内外清洁服务车，无污渍、无残渣； • 用对折好的台布铺盖服务车，台布干净、平整、无破损； • 车轮齐整平稳，并且转动灵活无噪声； • 给客人服务用的服务车，不得用于推运重物； • 定期检查服务车的使用状况
电气设备	• 电灯、电热炉符合安全标准，设备导线无破损，无短路隐患，电源插头牢固； • 电器附近无易燃、易爆和腐蚀性物品； • 背景音乐及灯光调节器灵敏，无漏电隐患； • 空调过滤网应定时清理，能正常工作，无漏水、无异响； • 咖啡机、制冰机能正常工作，表面清洁

查一查

上网查询了解餐厅常用电器的安全使用规范，并思考营业场所的商用电器和家用电器有哪些区别。

总结评价

根据今天所学，可以将岗前准备的主要工作内容和要求整理成以下表格，请按照下列工作要求进行学习评价。

表 1-1-4　岗前准备工作评价表（Preparation）

仪容仪表检查	是/否
能整齐穿着工作制服和工作鞋，端正佩戴工作铭牌，呈现专业规范的仪表	
能检查个人卫生，站立行走的仪态符合岗位要求，呈现良好的气质	
能保持精神饱满，自信大方、面带微笑，言谈举止有礼有度	
环境卫生安全检查	**是/否**
能检查门窗、地毯、墙壁及装饰物的安全和卫生	
能检查家具、餐桌餐椅的安全和卫生	

（续表）

设施设备卫生安全检查	是/否
能检查工作车的安全和卫生	
能检查空调、照明设备的安全和卫生	
能检查咖啡机、制冰机等设备的安全和卫生	

拓展学习

餐厅的空间布局

餐厅总体布局是通过交通空间、使用空间、工作空间等要素的完美组织共同创造的整体。作为一个整体，餐厅的空间布局首先必须符合接待客人和使客人方便用餐这一基本要求，同时还要追求更高的审美和艺术价值。

餐厅的主要空间有以下几种：客用空间，如通道、座位等，是服务客人、便利客人用餐的空间；管理用空间，如入口处服务台、办公室、服务人员休息室、仓库等；调理用空间，如配餐间、主厨房、辅厨房、冷藏间等；公用空间，如接待室、走廊、洗手间等。在使用时要注意各空间的特殊性，考察客人与工作人员流动路线的简捷性，同时也要注意消防等安全性的安排，以求得各空间与建筑物合理组合，高效且安全地利用空间。

画一画

试着设计一间可以容纳30人同时用餐的餐厅，画一画可以如何布局。

思考与练习

试一试

如果你是女生，尝试化一个得体的工作淡妆；如果你是男生，尝试学习3种以上领带的打法。

一、思考题

1. 今天有重要客人预订了晚餐，新员工甲和乙有机会参与接待。为了表示重视，员工甲精心打扮了一番，化了晚宴妆；乙则把工作服熨烫整齐穿戴后，笔挺地站在工位上，不苟言笑。主管看到后，马上安排其他员工把甲乙二人替换下来，二人表示有点委屈。你能解释一下为什么吗？该如何理解餐厅工作时要保持得体的仪表仪态？

2. 今天营业前检查时，员工甲发现餐桌旁边的地毯有一个小小的突起,他检查后发现没有破,因此没有上报地毯的问题。主管巡查时,就地毯问题找员工甲谈话。甲回复说,这么小的问题,不注意看都发现不了,只要走路把脚抬高,应该不会绊倒。主管严肃地批评了甲的不负责任。甲认为主管有点小题大做。你如何看待地毯上的这个"小问题"?如果是你,会如何处理餐厅中可能存在的安全隐患?

二、技能训练题

请按照今天学习的方法检查宴会厅的设施设备是否符合答谢晚宴的要求,并在下面做好记录。

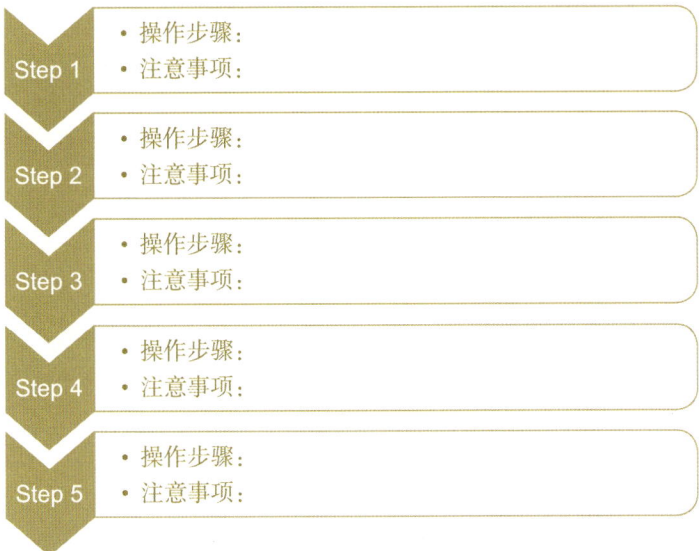

想一想

答谢晚宴对会场有哪些要求?

任务 2 餐具准备

 **学习目标**

1. 能用中英文双语流利地表述餐用具的名称,并说出不同餐具的用途。
2. 能根据接待任务的内容和规格,准备合适种类和数量的不锈钢餐具、玻璃杯具、瓷器以及其他必要的物品。
3. 能铺设精致的工作边台,确保台面平整,台布四边围合整齐、开口对称、下垂均等。
4. 能根据不同餐具的特点抛光清洁餐用具,确保餐具整洁光亮。

 **情景任务**

说一说

晚宴就餐的特点是什么?它与零点就餐的区别有哪些?

海之韵餐厅承办了华鼎公司的 100 人大型客户答谢晚宴,请为晚宴准备好所需餐具和服务用具。

 思路与方法

一、工作人员(WHO)

宴会厅服务员。宴会规格不同,每位服务员需要服务的餐位数量会有区别。通常情况下一位服务员需要服务一到两桌或不超过二十位客人。宴会规格越高,服务员对应服务的餐位数量越少。高端宴请会需要两位服务员服务一桌客人,以体现高质量的服务规格。因此,宴会准备期间及对客服务时通常需要较多数量的服务员。

查一查

宴会的类型有哪些?

二、工作区域(WHERE)

餐具准备间和餐桌旁的工作台。

三、工作内容(WHAT)

1. 识读宴会菜单。区分前菜、汤品、主菜、甜品等菜肴的原材料构成和烹饪方法。

2. 匹配餐具。根据不同菜肴的原料特点匹配食用餐具和工具。

3. 根据宴会酒水单的内容准备红葡萄酒杯、白葡萄酒杯、水杯、饮料杯及香槟杯或甜食酒杯。

4. 分拣餐具,检查并抛光餐具。按照用餐人数分拣出足够数量的餐具,检查确认完好无损后将其运送到工作边台分类摆放。根据不同餐具的特点,运用相应方法进行抛光擦拭。

5. 铺设工作边台台布并摆放相应餐具和服务工具。

四、工作原理(WHY)

宴会是指为了表示欢迎、答谢、祝贺、喜庆等目的而举行的隆重的、正式的餐饮活动。宴会的规模和规格会预先确定,菜点和酒水的种类也会先确定,因此宴会的服务要求也就相应提高。宴会对环境的布置也有主题和规格的要求。

承办晚宴的餐厅会根据主办方的要求布置好宴会厅,划分服务区域和活动区域,根据就餐人数准备餐桌餐椅。同时,会提前与主办方确定晚宴菜单,服务规格和内容则根据菜单内容提供,餐具和服务用具也需要根据菜单规格、内容和就餐人数进行准备。

不同的餐饮文化影响着菜肴的烹饪方式和食用方法。东方文化以"和"为贵,在烹饪技艺中也彰显融合之道。以餐具的使用为例,如筷子蕴含"天地人"合而为一的处世哲学,是中华文明智慧的体现。西方文化突出个性,饮食烹制过程中注重每个原料的自身特点,突出层次感;餐具使用同样注重不同食材匹配不同餐具,以方便肉类食材切割和其他食材的食用。因此,不同类型的餐厅对餐具的选用会有不同。

> **议一议**
>
> 东西方饮食文化还有哪些不同?

图 1-2-1 不锈钢餐具
Cutlery

餐厅服务

> **试一试**
>
> 上网查询或到餐厅实地调研餐厅常用的服务用具，并写出它们的中英文名称及用法。

不同餐具有不同用途，用餐需要匹配相应餐具。通常情况下，宴会菜单由前菜、汤品、主菜和甜品四个部分组成。如果宴会规格更高，可能会有更多道菜肴，如英国皇室宴会最多可达九道菜肴。根据常用宴会的菜肴构成，前菜通常使用前菜刀叉食用，汤品配备汤勺食用，主菜根据食材是肉类还是鱼类匹配主菜刀叉和鱼刀鱼叉，餐后甜品根据品项的干湿特点匹配甜品叉和甜品勺。

通常情况下，每位客人就餐需要每道菜肴配一套相应餐具，因此准备餐具的数量要能满足客人的基本就餐需求。按照服务惯例，服务台会再多备2套餐具作为备品。

餐饮服务中最重要的是饮食卫生安全，所有餐具虽然已经经过工作间的清洗和消毒，但在服务客人之前还是要进行检查、清洁和抛光，保证呈现在客人面前时是完好、整洁、光亮的餐具。这也是由西餐中常用不锈钢餐具（或银器）、玻璃制品和瓷器等餐具自身的特点决定的。

五、工作方法（HOW）

1. 识读晚宴菜单，区分每道菜肴食材的特点、食用要求及对餐具的要求。

2. 识别不同餐具的中英文名称和用途，并能用中英文双语流利表述。

3. 在工作间分拣出足够数量和种类的晚宴所需餐具，检查并确认餐具完好及卫生合格，然后将餐具运送到工作边台。

4. 铺设工作边台。用3—4块台布围合工作边台，不漏桌面及桌脚。要求台面的台布平整，拼接对称，四边下垂相等且与地面距离相等。

5. 抛光全部不锈钢（银质）餐具、瓷器和玻璃器皿，要求餐具洁净闪亮，无污渍、无水渍、无印记。

6. 在工作边台上按照卫生要求、使用频率及便利性，规范放置抛光擦拭后的餐具和工作用具。不锈钢餐具分类放置在餐具袋内，餐具柄朝外；瓷器整齐叠放在工作台一侧，无滑动；玻璃杯有序摆放在工作边台一侧，无磕碰。工作边台一侧放置托盘和服务巾。

六、工作工具（WITH）

1. 不锈钢餐具/银质餐具（Silverware）。

2. 瓷器（Crockery）。

3. 玻璃器皿（Glasses）。

4. 工作边台台布（Tablecloth）。

5. 托盘（Service Tray）。

6. 水桶和服务巾（Bucket & Service Napkin）。

 活动

根据晚宴菜单的菜肴特点和食用要求，匹配相应类别的餐具。根据就餐人数，清点足够数量的餐具，并对全部餐具进行抛光，在工作边台上整齐规范地摆放。

一、识读菜单

请尝试翻译今天的晚宴菜单，并找出主要食材。

BANQUET DISHES

Appetizer

Pan-fried Scallops with Arctic Flavor Spinach and Cauliflower Spread

Norwegian Smoked Salmon with Braised Mushroom and Sautèed Vanilla Cream

Soup

German-style Bean & Beer Soup

Nordic Seafood Soup

Salad

Mediterranean Style Sweet Shrimp Salad

French Yogurt and Fruit Salad with Raspberry Sauce

Main Course

Char-grilled Australian Fillet Steak with Truffle Sauce

Baked Norway Salmon with Cream Star Anise Sauce

Dessert

Nordic Snow Pear Pudding with Chocolate Mousse

图 1-2-2 晚宴菜单
Banquet Menu

分析宴会菜单可以看出，这次晚宴由前菜、汤品、沙拉、主菜和甜品构成，需要相应匹配前菜刀叉、汤勺、沙拉刀叉、主菜刀叉和甜品叉勺，且不同菜肴又需要提供不同类别的主菜刀叉。为了满足 100 位客人同时就餐的要求，餐具的数量也是准备餐具时需要考虑的问题。

二、辨识餐具

根据晚宴菜单和人数，填写下面的餐具需求表，并根据表格内餐具的种类和数量分拣相应餐具，运送到工作边台。

> **练一练**
>
> 汇总并整理西餐厅常用的餐具，写出它们的中英文名称及用法。

餐厅服务

练一练

翻译表 1-2-1 中的宴会菜单，并找出每道菜有的主要食材。

表 1-2-1　餐具需求表（Cutlery, Plates and Glasses）

100人宴会，每桌10人，一桌一名服务员		所需的餐具			所需数量
BANQUET DISHES		种类	中文名称	英文名称	
Appetizer	1. Pan-fried Scallops with Arctic Flavor Spinach and Cauliflower Spread 2. Norwegian Smoked Salmon with Braised Mushroom and Sautéed Vanilla Cream	瓷器			
		不锈钢			
		玻璃			
Soup	1. German-style Bean & Beer Soup 2. Nordic Seafood Soup	瓷器			
		不锈钢			
		玻璃			
Salad	1. Mediterranean Style Sweet Shrimp Salad 2. French Yogurt and Fruit Salad with Raspberry Sauce	瓷器			
		不锈钢			
		玻璃			
Main Course	1. Char-grilled Australian Fillet Steak with Truffle Sauce 2. Baked Norway Salmon with Cream Star Anise Sauce	瓷器			
		不锈钢			
		玻璃			
Dessert	Nordic Snow Pear Pudding with Chocolate Mousse	瓷器			
		不锈钢			
		玻璃			
服务用具					

三、工作边台铺设

用三块台布铺设工作边台,要求台面平整,四边围合,不漏台面,不漏桌脚,中线居中,台布下垂距离地面相等。

> **查一查**
>
> 查阅资料,了解在餐厅服务中 side work 的含义。

① 对边摆放	② 沿边开单	③ 对面覆盖
先取一块台布,沿桌边摆放,确认台布边与地面的距离	沿桌边开单,围合桌面的三边,桌布在台面两边距离均等	取第二块台布,从对面覆盖第一块台布,两边等距

④ 沿边折叠	⑤ 边线整理	⑥ 顶布覆盖
取下垂一边对内折叠在台面上,另一边与台面一边对齐	整理两块台布的重合部分,对齐边线和接缝处	取第三块台布,覆盖在台面上,四边下垂均等

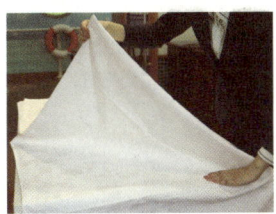 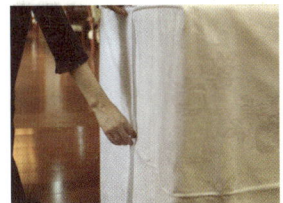 

图 1-2-3　铺设工作边台
Table Boxing

四、抛光餐具

在铺设餐台前,再次检查确认餐具完好、洁净。

> **找一找**
>
> 检查分拣好的餐具还存在哪些问题,并思考处理方法。

图 1-2-4　检查餐具卫生瑕疵
Cutlery Checking

餐厅服务

对从备餐间分拣出来的餐具进行抛光处理，并进行小组间互评。

想一想

玻璃器皿抛光还有哪些方法？

图 1-2-5　餐具抛光
Polishing Cutlery and Glasses

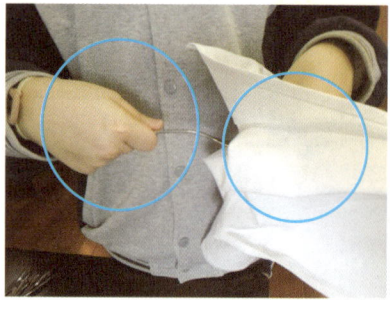 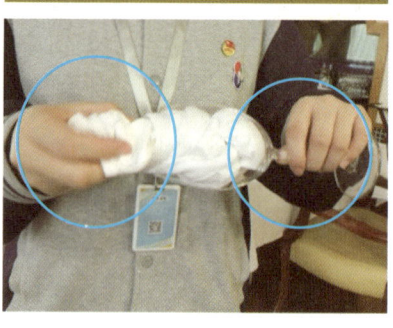

图 1-2-6　餐具抛光不安全范例
Dangerous Movement in Polishing

安全提示

1. 手持刀和叉柄，刀尖、叉尖朝前，刀刃朝下。
2. 擦拭杯子时握住杯底，不可握杯子细柄，因为其容易断裂。
3. 擦拭杯子时需要掌握力度，防止杯子破裂。

模块一 餐前准备

图 1-2-7 餐具抛光不卫生范例
Unhygienic Movement in Polishing

试一试

在 10 分钟内抛光 6 套不锈钢餐具（每套 10 个）和 20 个玻璃杯。

卫生提示

1. 合理使用服务巾包住餐具，避免出现指印。
2. 彻底擦拭清洁餐具，需要对光检查，保证无遗漏、无死角。

 总结评价

根据今天所学，可以将餐具准备的主要工作内容和要求整理成以下表格，请按照下列工作要求进行学习评价。

表 1-2-2 餐具准备评价表（Cutlery Preparation）

识读菜单	是/否
能说出菜单的主要构成、菜肴的主要食材及食用方法	
能根据食材种类准确选择餐具	
辨别餐具	**是/否**
能流利并准确地说出所有餐具的中英文名称和用途	
能根据菜单内容精准并快速地分拣所需餐具	
能根据菜单内容和就餐人数精准识别餐具种类、准确清点数量并检查完好情况	

(续表)

抛光餐具	是/否
能及时发现餐具的卫生问题	
能合理利用技巧对餐具进行抛光	
能安全卫生地抛光餐具	
铺设工作边台	是/否
能根据工作边台规格准备足够数量的台布	
能用不同数量的台布铺设工作边台	
在整个操作过程中，能保持卫生和动作流畅	

拓展学习

餐具的发展

1. 手

餐具中无论是刀子、叉子、汤匙还是盘子，都是手的延伸。例如，盘子是整个手掌的扩大和延伸，叉子则代表了手上的手指。大约在13世纪以前，欧洲人吃东西还都全用手指，并且在使用手指进食时还有一定的规矩。例如，罗马人以用手指的多寡来区分身份，平民是五指齐下，有教养的贵族只用三个手指，无名指和小指不能沾到食物。这一进餐规则一直延续到16世纪左右，仍为欧洲人所采用。

2. 餐叉

在欧洲，叉子起初主要是两股叉的形状，绝大多数是辅助烹饪的炊具，它们虽然在古希腊以及古罗马文化遗存中多次出现，但是迟迟没有走上餐桌成为餐具。

到了公元10世纪前后，欧洲普遍使用餐叉的国家只有东罗马帝国。到了公元14世纪时用餐叉吃意大利面已经成为当时的标配。到了公元16世纪，意大利的上层圈子里已经出现了餐叉的使用礼仪，并引发了当时欧洲各国王室成员的效仿，这是餐叉迈向欧洲餐桌的关键一步。但是直到16世纪晚期，仍旧能从当时的文献中看到，亨利三世还在因为使用餐叉吃饭被当时的文人们耻笑。

查一查

查找有关资料，熟悉西餐餐具的使用和就餐礼仪之间的关系。

小贴士

人类最早使用餐叉的记录，一些学者认为是距今5000多年，在我国青海宗日遗址中发现的骨质餐叉。

到了17世纪后期，法国各阶层已经普遍不再视餐叉为邪恶的道具。到了18世纪，餐叉的使用在英国得到普及。在19世纪即将到来之际，餐叉又成功地把自己的势力版图扩展到了北美。直到19世纪，目前西餐中餐叉的标准四齿设计才正式定型。

3. 餐刀

西方餐具至今仍保留了刀，原因是许多食物在烹调时都切成大块，而在吃的时候再由享用者根据个人的意愿，分切成大小不同的小块。早期餐刀的顶部并不是我们今天熟悉的呈椭圆形状，而是具有锋利的刀尖。很多法国的官僚政要，在用餐之余会把餐刀当牙签使用，用它来剔牙。出于安全和礼仪的考虑，法国一位官员命令家中的仆人把餐刀的刀尖磨成椭圆形，不准客人当着他的面用餐刀剔牙。后来，法国也吹起了一阵将餐刀刀尖磨钝的旋风。

4. 汤匙

汤匙的历史更是源远流长。早在旧石器时代，亚洲地区就出现过汤匙。古埃及的墓穴中曾经发现过木、石、象牙、金等材料制成的汤匙。希腊和罗马的贵族则使用铜、银制成的汤匙。15世纪的意大利，在为孩童举行洗礼时，最流行的礼物便是送洗礼汤匙——把孩子的守护天使做成汤匙的柄，送给接受洗礼的儿童。

> **试一试**
>
> 尝试按照西餐就餐礼仪使用各种西餐餐具。

思考与练习

一、思考题

1. 请列举5种常见餐具的中英文名称并说明餐具的不同用途。思考菜单中的每道菜肴是否都需要匹配相应餐具，并举例说明。

2. 如果菜单中出现不常见菜肴，是否需要为客人提供特殊餐具？请举例说明。

二、技能训练题

请根据图1-2-8的宴会菜单准备所需餐具。

译一译

翻译宴会菜单，并根据菜肴说出所需餐具的中英文名称。

Entrée

Pork Belly, Apple Sauce, Black Pudding

Alternated with

Golden Broth, Braised Abalone, Aromatic Herbs

Main Course

Cape Grim Beef Fillet, Potato Sauce, Spinach, Horseradish

Alternated with

Steamed Striped Trumpeter, Braised Onions

Dessert

Wild Bolivian Chocolate Biscuits, Mousse, Prune

图 1-2-8　宴会菜单
Banquet Menu

任务 3　餐台铺设

学习目标

1. 能掌握不同台型台布的铺设方式。
2. 能根据不同的场景和场合，折叠突出主题的精致餐巾花。
3. 能根据用餐要求一次性铺设餐具和用品，呈现精致的台面。
4. 能始终保持操作过程安全、卫生。
5. 能始终保持操作动作规范、流畅、优雅。

情景任务

海之韵餐厅承办了华鼎公司 100 人客户答谢晚宴。准备工作正在进行中，服务员需要按照每桌 10 人的标准完成圆形餐台的餐具布设。根据宴会菜单分拣抛光过的餐具，按照就餐顺序将餐具布放在每位客人面前，包括不锈钢餐具、瓷器、杯子以及公共用品。还需要摆放折叠紧致的餐巾花，以进一步体现接待规格。

议一议

餐具布放是不是要把所有餐具都摆放在餐台上？

思路与方法

一、工作人员（WHO）

宴会服务员。负责餐台布设工作，有时每人负责布设一个餐台，更多时候需要所有服务员共同合作完成所有台面的布设工作。

二、工作区域（WHERE）

餐厅内的工作台区域和餐桌。

三、工作内容（WHAT）

1. 铺设台布。根据不同餐台的类型铺设相应台布。宴会餐台的台布色调、款式和铺设方法需要与宴会主题契合。

2. 折叠餐巾折花。按照宴会规格，折叠符合主题的餐巾折花并保持一致。

3. 布设餐具及餐巾花。按照宴会菜单和主题布设所需餐具，保持台面一致。

四、工作原理（WHY）

铺设餐台是为了方便客人就餐，因此台面上要铺设客人就餐需要的餐具和用品。

为了体现接待规格，餐台会根据餐厅类型分为不铺台布、铺设纯色台布和铺设指定台布并加上盖布等方式。有些休闲餐厅和快餐厅会选择餐垫而不铺设台布；宴会需要铺设台布以示对客人的重视，且铺设台布的规格需要视宴会规格而定；零点餐厅在接待过程中要充分体现对就餐客人的尊重，铺设台布是基本要求。餐台台型不同，如圆形、方形、长方形、L形、U形等，需要选择不同形状的台布进行铺设。通常情况下，圆形餐台选择一块圆形台布或方形台布铺设，方形餐台选择一块方形台布铺设，长方形、L形、U形餐台选择一块或多块长方形台布组合铺设。

> **试一试**
>
> 特殊台型餐台的台布应该如何组合铺设？

餐巾是客人就餐过程中清洁用的用品，餐巾折花可以表示对客人的欢迎。折花视摆放方式不同分为杯花和盆花，若是就餐前在餐位布放展示盆则多选择盆花。餐巾折花可以在餐具布放前进行，也可以在餐具布放后开始。宴会布台时通常会折叠一致的花形，以示客人间的平等，花形可以根据宴会性质和规格进行设计。根据卫生要求，餐巾折花需要佩戴工作手套进行操作，折叠好后整理观赏面，摆放时朝向客人。

餐具是依据客人就餐内容成套摆放的。展示盆居中，不锈钢餐具按照左叉右刀的原则分列两侧，按照就餐顺序从外向内分别为前菜刀叉、汤勺、鱼刀鱼叉、主菜刀叉；面包盆和黄油刀布放在餐位左侧；甜品叉勺布放在展示盆正上方；水杯、红葡萄酒杯、白葡萄酒杯成一条直线或三角形布放在刀正上方。公用物品，如花瓶、烛台、台号牌、菜单、椒盐瓶等置放在餐台中部。

五、工作方法（HOW）

1. 餐椅定位。将餐椅整齐摆放，餐椅离开桌边等距。布设餐具前，可以先调整餐椅的位置，确保摆放餐具时可以站在餐位的正中位。如果餐椅足够低，不影响居中摆放，可以先调整餐椅到正对餐位的位置，保证餐具摆放的居中定位。

2. 铺设台布。站在主人位相邻的一边铺设台布，两块台布接口重叠处应注意平整，台布正面朝上，主线突出居中，四脚下垂部分相等。

3. 摆放展示盆。将展示盆摆放在餐位正中，离餐台边等距。如果展示盆上有标志或图文，则应注意将其正面朝向客人。

> **想一想**
>
> 展示盆的作用是什么？

4. 摆放餐刀、餐叉、汤匙。摆放顺序由里向外，分别为主刀主叉、鱼刀鱼叉、汤勺、前菜刀前菜叉。刀口朝里，左叉右刀，刀叉之间的间距相等，刀叉离桌边等距。

5. 摆放甜品叉勺、面包盘、黄油刀。甜品叉、甜品勺平行横放在展示盆上方，甜品叉在里，甜品勺在外。面包盘摆放在餐叉的左侧，中心点与展示盆中心点在一条直线上；黄油刀置于面包盘中心线右三分之一处，刀口向左。

6. 摆放饮具、酒具。由左上依次往下，按先红葡萄酒和白葡萄酒酒杯后水杯的顺序依次摆放，红葡萄酒杯在主刀正上方，三杯的杯肚间隔相等，三杯的中心点连成一线并成45度或成三角形摆放。

7. 摆放餐巾花。放于每个展示盆的正中，花形的正面朝向客人。

8. 摆放盆花、烛台（也可不放）。盆花应摆放在餐台的居中位置；烛台应压在台布的中心凸线上，底部离盆花距离均等，两个烛台方向一致且对称成一条直线。

9. 摆放盐盅、胡椒盅等用具。盐盅、胡椒盅间的距离约为1厘米，左面盐盅，右面胡椒盅。盐盅、胡椒盅正对正副主人的位置。

六、工作工具（WITH）

1. 台布（Tablecloth）。
2. 餐巾（Napkin）。
3. 餐具（Cutlery）。
4. 托盘（Service Tray）。
5. 手套（Service Gloves）。

活动

每位服务员在30分钟内完成10人位的圆形餐台餐具布放，包括台布铺设、10朵盆花折叠和餐具布放。

餐厅服务

一、台布铺设

一次性铺设台布，正面向上，中线居中，四边下垂相等。要求动作轻盈，姿态优美。

图 1-3-1　铺设台布
Clothing-up Tablecloth

查一查

查询资料，学习更多餐巾折花的教学视频，熟悉餐巾折花的更多方法。

二、餐巾折花

根据主题不同，折叠不同花形的餐巾花。要求花形紧致，形态优美，手法熟练，操作卫生。

图 1-3-2　餐巾折花：仙客来／皇冠
Napkin Folding — Cyclamen/ Crown

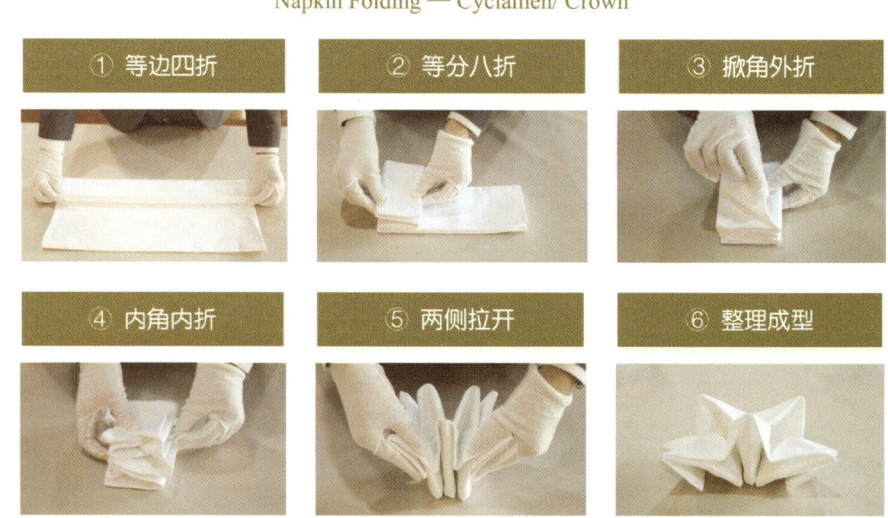

图 1-3-3　餐巾折花：扇面
Napkin Folding — Double Fan

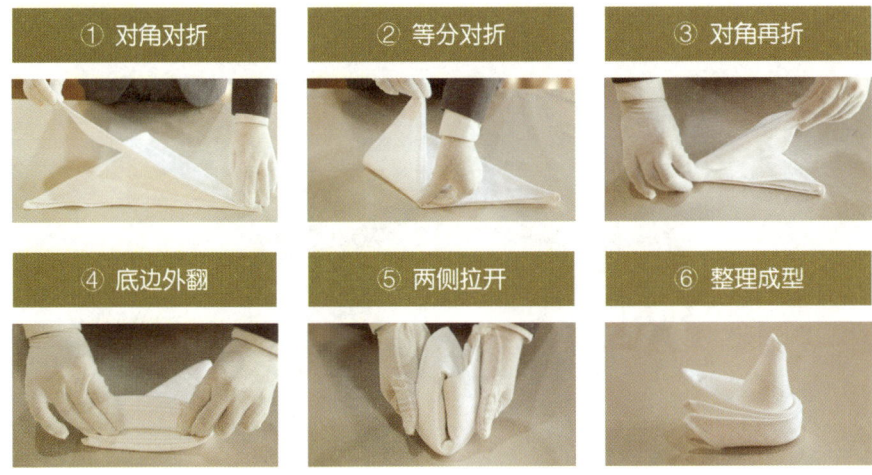

图 1-3-4 餐巾折花:帆船
Napkin Folding — Sailboat

三、餐具布设

按照今日宴会菜单,根据台面餐具布设标准完成 10 人位的餐台餐具布放。要求以菜单的菜肴服务顺序为依据布放餐具,餐具摆放整齐,台面美观,手法流畅,操作卫生,姿态优美。

试一试

餐具摆放需要分几次完成?

Entrée → 前菜

Pork Belly, Apple Sauce, Black Pudding

Alternated with

Golden Broth, Braised Abalone, Aromatic Herbs

Main Course → 主菜

Cape Grim Beef Fillet, Potato Sauce, Spinach, Horseradish

Alternated with

Steamed Striped Trumpeter, Braised Onions

Dessert → 甜品

Wild Bolivian Chocolate Biscuits, Mousse, Prune

图 1-3-5 宴会菜单
Banquet Menu

餐厅服务

图 1-3-6　宴会台面
Banquet Cover

练一练

按照宴会餐单中的菜品类型，进行铺设台面的练习。

| 布放席面刀 | 布放席面叉 |

| 布放面包盆 | 布放玻璃杯 |

图 1-3-7　铺设台面
Laying a Cover

安全提示

1. 布放餐具时，拿取刀叉尖部要向前，不能朝向自己。
2. 刀口向左，不能用手试刀锋。
3. 拿取玻璃器皿不能太用力。

卫生提示

1. 布放餐具时须佩戴手套。
2. 注意拿取餐具的位置，尽量减少与餐具接触的面积。
3. 不能触碰客人餐具的入口部位。

 **总结评价**

根据今天所学,可以将餐台铺设的主要工作内容和要求整理成以下表格,请按照下列工作要求进行学习评价。

表 1-3-1　餐台铺设评价表(Laying a Cover)

台布铺设	是/否
能根据台型选择合适尺寸的台布	
能一次完成台布铺设	
台布中线居中,四边下垂相等	
动作规范、流畅、轻盈	
操作过程安全、卫生	
餐巾折花	**是/否**
能根据宴会主题设计合适的花形	
能在 5 分钟内完成 10 朵盆花制作	
餐巾花折叠整齐、花形紧致	
花形展现完整、生动	
餐巾花布放正面朝上,观赏面朝向客人	
操作过程安全、卫生,动作规范、流畅	
餐具布设	**是/否**
餐具布放在正确位置	
餐具间距相等,对称摆放	
台面布放整齐、美观	
动作规范、流畅、姿态优美	
操作过程安全、卫生	

查一查

查询资料,了解更多餐厅就餐形式,思考不同餐品服务需要的餐具有哪些不同。

 拓展学习

休闲餐厅餐台的两次布设

西餐休闲餐厅的特点是要根据客人的点单完成两次铺台，一次是在客人就餐前，一次是在客人点单后。一把餐刀、一把餐叉、一块餐巾、一个杯子，是每位客人就餐时必须使用的基本餐具，通常在餐厅开餐前进行铺设。上菜前，服务员应根据客人的点单内容，在已铺设餐台的基础上添补并调整餐具。当客人的开胃菜是汤菜时，汤勺应放在刀的外端；如果前菜是沙拉，勺应改为叉；根据甜食的种类，可以摆放一把叉和一把勺，或是一把刀和一把叉。

议一议

两次布设餐台的目标有什么不同？二次布台需要参考哪些因素？

 思考与练习

一、思考题

1. 为了体现餐巾花形的多样性，餐巾折花时会参考纸艺创作而采用很多技法，如折、推、拉、翻。有哪些技法是纸艺创作可以用，而餐巾折花不适宜采用？为什么？

2. 新员工甲一直很珍惜每次实战学习的机会，也受到领班的认可。今天甲分到了布放10张餐台餐具的工作任务。甲为了提高工作效率，每次托盘都会装满餐具，一次性端到餐桌上，左右手同时开工，很快就摆放好了一桌餐具，她很满意自己的表现，不料却被领班严厉地批评了。她小声地嘀咕着："我摆餐具时又没有客人在旁边，为什么还要托盘在手，一个一个布放，给谁看呢？"如果你是领班，你该如何帮助员工甲理解要时刻注意操作卫生和举止仪态？

二、技能训练题

请根据图1-3-8给定的菜单，在30分钟内完成餐台布设。

BANQUET DISHES

Appetizer

Pan-fried Scallops with Arctic Flavor Spinach and Cauliflower Spread
Norwegian Smoked Salmon with Braised Mushroom and Sautè ed Vanilla Cream

Soup

German-style Bean & Beer Soup
Nordic Seafood Soup

Salad

Mediterranean Style Sweet Shrimp Salad
French Yogurt and Fruit Salad with Raspberry Sauce

Main Course

Char-grilled Australian Fillet Steak with Truffle Sauce
Baked Norway Salmon with Cream Star Anise Sauce

Dessert

Nordic Snow Pear Pudding with Chocolate Mousse

图 1-3-8 宴会菜单
Banquet Menu

说一说

不同国家的客人就餐时是否会有就餐方式的不同？对餐具的选择又有什么区别？

任务4　用品准备

学习目标

1. 能根据接待任务的要求，准备餐具柜和服务边台，合理布放服务用品。
2. 能根据菜单中的菜品准备调味品，调制调味料。
3. 能熟悉菜单中菜肴的特点，熟练运用中英文介绍菜单和酒水单。

情景任务

说一说

除了餐具，还需要准备哪些服务用具及用品？

作为海之韵餐厅的宴会服务员，请为今晚华鼎公司的答谢晚宴做好餐前用品准备工作，包括工作边台准备、服务用品准备和菜单准备。在工作边台上备好晚宴所需的工作用品；准备宴会菜单中菜肴的调料和所需服务工具；熟悉每道菜肴的服务方式和特殊要求。

思路与方法

一、工作人员（WHO）

宴会服务员。

二、工作区域（WHERE）

宴会厅服务准备区，包括工作边台、工作间、工作车停放区域。

三、工作内容（WHAT）

1. 工作边台准备。检查工作边台安全和卫生，布放服务用品和用具。
2. 服务用品准备。备茶和咖啡，准备冰桶和工作车。
3. 菜单准备。检查菜单、酒单的完好度，熟记菜单、酒单内容。

四、工作原理（WHY）

工作边台是在餐厅内放置餐具和常用服务工具的边柜，它也可以用来放置服务过程中需要的菜肴、餐具和其他服务物品。每天工作开始前要对工作边台进行必要的清洁和餐用具整理。清洁时选用干净的软布除尘，清除污渍时可选用中性清洁剂，避免使用强酸和强碱溶剂。餐用具、服务用品和用具的整理以整齐、美观为原则分类摆放，使用频率较高的餐用具摆放在外侧，以方便取用。服务员可以通过准备工作边台，明确工作边台准备工作的内容和要求，掌握工作边台准备的要求和餐具摆放方法，培养合理布局和细致周到的意识。

服务用品准备是为了在对客服务过程中缩短等待时间，提高服务效率。根据晚宴菜单，服务菜肴时需要准备调味料和配套的服务用具，因此了解餐厅必备的茶、咖啡、糖缸、奶盅、冰桶、分肉工作车及菜单和酒水单的准备内容和标准，有助于加深对就餐服务内容的了解。

> **想一想**
>
> 为什么要提前准备调料和服务用品？

五、工作方法（HOW）

1. 清洁整理工作边台，确保工作边台内外干净整洁。
2. 用托盘运送备用餐具，在工作边台上合理摆放。
3. 用托盘运送服务用具，在工作边台上合理摆放。
4. 摆放过程中，注意上轻下重，先用在外、后用在里。
5. 准备服务用品：

准备茶叶：英国茶或中国花茶、绿茶、薄荷茶及各式香草茶；

准备糖缸和奶盅：补充糖至糖缸容积的 4/5，补充奶至奶盅容积的 3/4；

准备咖啡：咖啡机开机，咖啡杯、碟预热，备咖啡豆。

6. 准备冰桶并清洗冰桶；装 1/2—2/3 容积的碎冰，注水；桶口放长条服务巾。
7. 根据晚宴菜单准备工作车，有前菜制作需要的沙拉车和分肉需要的主菜车。

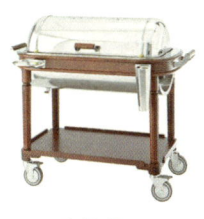   

沙拉车　　　　酒水车　　　　主菜车　　　　芝士车

图 1-4-1　工作车范例
Trolley

8. 检查菜单、酒水单,根据厨房的反馈和库存情况调整菜单、酒水单。

9. 熟记菜单和酒单,随时应对客人提问。

六、工作工具(WITH)

1. 工作边台(Serving Table)。
2. 服务用具(Serving Tools):托盘、便签夹、服务叉勺、水壶、备用餐具。
3. 服务用品(Serving Items):茶、咖啡、糖缸、奶盅、英式芥末、冰桶、分肉车。
4. 菜单、酒单(Menu & Wine List)。

活动

一、工作边台准备

根据晚宴接待要求,请在10分钟内准备工作边台。

表 1-4-1　准备工作边台(Serving Table Preparation)

操作内容	操作标准
清扫服务边台	• 服务员应每日及时清扫边台; • 边台和抽屉内须事先垫干净的报废布巾; • 边台表面光洁,无污迹,无水印和指印
服务用具及餐具摆放	• 各种服务用具应分类摆放,使用频繁的用具放于易取、明显的位置; • 餐具应分类整齐摆放于抽屉内; • 轻拿轻放各种用具
整理边台	• 用具每次使用完后必须放归原位; • 抽屉和柜门轻开轻关,随手关闭; • 边柜各处不允许存放与服务无关的用品; • 每日结束工作后将边台清扫干净

说一说

服务用具准备的卫生要求有哪些?

模块一　餐前准备

1. 水壶
2. 黄油碟
3. 便签夹
4. 调料瓶
5. 热餐盘
6. 沙拉刀
7. 主菜刀
8. 鱼刀叉
9. 汤匙、咖啡匙
10. 甜品茶匙
11. 服务茶匙
12. 面包篮
13. 服务盘
14. 底盘
15. 咖啡碟
16. 沙拉盘
17. 甜品盘
18. 展示盘
19. 托盘

图 1-4-2　工作边台准备布放位置参考
Location of Serving Table

想一想

在不同的工作任务中，工作边台上的物品摆放是否可以调整位置？为什么？

安全提示

1. 高的物品尽量靠边。
2. 重的物品尽量在下。
3. 热的盘子需要用服务巾垫。
4. 易洒的液体不要装太满。

卫生提示

1. 工作边台摆放用具前请先确认台面干净、整洁。
2. 尽量减少身体与餐具接触的面积。
3. 不能触碰客人餐具的入口部位。

二、服务用品准备

请按照下面的操作要求在 10 分钟内准备好今晚宴会需要的茶叶、糖缸和奶盅、咖啡和芥末，以及分肉工作车。

查一查

餐厅常用的茶叶类别有哪些？请根据茶叶的特点和饮用要求，将查询结果汇总整理成表格。

表 1-4-2 准备茶叶（Tea）

操作程序	工作标准及说明
准备	• 于开餐前准备各种茶：英式茶或中国茶； • 检查茶包是否破裂，有无水迹、污迹； • 检查散茶是否新鲜，有无异味异物
存放	• 茶叶存放于洁净、干燥的边柜内； • 各式茶叶分别装在不同的容器内，防止串味

表 1-4-3 准备糖缸和奶盅（Sugar Bowl and Milk Cup）

操作程序	工作标准及说明
容器清洗	• 有专人负责清洗，每周清洗一次； • 清洗后进行彻底干燥； • 检查容器是否完整、无破损、无污迹
补充糖、奶	糖缸的补充： • 将白糖和黄糖分类装入糖缸； • 糖必须保证新鲜、无异味、无结块； • 糖量为缸容量的 4/5； • 补充完毕后盖好糖缸。 奶盅的补充： • 将新鲜的淡奶和鲜奶从厨房取回，放入冰箱内保存； • 服务咖啡前，根据客人要求将淡奶或鲜奶注入奶盅； • 奶加至奶盅的 3/4 处

表 1-4-4 准备咖啡（Coffee）

操作程序	工作标准及说明
清洗	咖啡具： • 必须清洗至无咖啡渍，然后将其擦干； • 清洗后检查是否有破损。 咖啡机： • 每天工作结束后清洗； • 检查是否工作正常； • 清洗存放咖啡渣的容器； • 擦拭干净机器表面的各个区域
准备	咖啡具： • 将咖啡壶存放于干净的边台上； • 将咖啡杯、碟放于咖啡机保温层上，码放整齐。 咖啡机： • 接通咖啡机电源，打开开关； • 向漏斗内加装一定量的咖啡豆

模块一 餐前准备

表 1-4-5 准备冰桶(Ice Bucket)

操作程序	工作标准及说明
清洗冰桶	• 餐前将服务用的冰桶和冰桶架运至洗涤间清洗,确保无污染、无水迹、无异物; • 清洗时要拿湿布和指定的清洁剂清洗; • 用水冲净并拿干布将其擦拭干; • 如果用到镀银的冰桶,要用银器打磨剂打磨除去污点或锈迹; • 打磨后要清洗掉打磨的残留物
准备冰桶	• 将冰桶置于冰桶架上; • 用冰铲将冰桶容积的 1/2 到 2/3 的部分装满碎冰后加水,将交叠的服务巾横搭于冰桶上; • 将准备好的冰桶搬至服务区,整齐摆放于相应位置
整理冰桶	• 每日工作结束后,将所有冰桶内的冰和水倾倒干净

表 1-4-6 准备分肉工作车(Trolley)

操作程序	工作标准及说明
准备用具	• 准备用具:刀、叉、切板、服务叉勺、水银托盘、服务巾; • 切刀必须锋利,各种用具无污染、无破损
布置切板	• 在银托盘内铺垫好干净的服务巾; • 将切板放于托盘上,切板的左上角可以用餐巾花作为装饰物; • 叉在左,刀在右,放于切板上; • 服务叉勺放于托盘内的右侧
存放切板	• 放置于服务边柜上,或铺有干净台布的服务车上

> **查一查**
>
> 餐厅服务工作中有哪些工作车?它们分别有什么作用?

三、菜单酒单准备

请按照下面的工作提示,在 10 分钟内检查菜单和酒水单,并与厨房确认菜品。

工作提示

1. 检查菜单是否有破损和污渍。
2. 检查准备工作与菜单内容是否有出入。
3. 与厨房确认菜单上的菜品。
4. 确认菜单数量充足。

说一说

说一说菜单和酒水单的对应关系。

Appetizer 前菜

Pan-fried Scallops with Arctic Flavor Spinach and Cauliflower Spread
顶级鱼子酱及生煎冰岛带子配北极风味奶油菠菜和花菜泥

Soup 汤

German-style Bean & Beer Soup
北欧海鲜浓汤

Salad 沙拉

Mediterranean Style Sweet Shrimp Salad
地中海式甜虾沙拉

Main Course 主菜

Char-grilled Australian Fillet Steak with Truffle Sauce
米其林三星时光牛扒配牛肝菌松露汁

Dessert 甜品

Nordic Snow Pear Pudding with Chocolate Mousse
北欧香梨布丁佐鲜巧克力慕斯

图 1-4-3　菜单
Menu

 总结评价

根据今天所学，可以将用品准备的主要工作内容和要求整理成以下表格，请按照下列工作要求进行学习评价。

表 1-4-7　用品准备评价表（Serving Table Preparation）

工作边台准备	是 / 否
能彻底检查工作边台的卫生，发现问题及时处理	
能按照就餐需要准备足够数量和种类的服务工具	
工具摆放合理、安全，方便取用	

（续表）

服务用品准备	是/否
能检查茶叶质量，准备茶叶服务	
能检查糖缸、奶盅的卫生情况，装奶、糖，服务糖缸、奶盅	
能检查咖啡机、咖啡具的安全卫生	
能预热咖啡机，装填适量咖啡豆	
能清洗冰桶，装适量冰块	
能根据菜肴制作的需要，准备相应工作车及配套工具	
能确保工作车安全、卫生、使用正常	
检查菜单、酒水单	是/否
能确认菜单与厨房出菜一致	
熟悉菜单，能了解相应菜肴酒水常识，以备随时可以用中英文为客人解答疑问	
能根据菜单检查服务工具和用品是否匹配	
能确认菜单完好无破损且数量充足	

试一试

尝试写下至少10种世界知名茶叶的品种和它们的特点。

拓展学习

下午茶（Afternoon tea）

在英国，非常受欢迎的下午茶通常在下午3点到5点之间进行，在酒店休息室、茶馆或沙龙都有供应。下午茶最初是作为早晚餐之间的轻食或点心出现，以帮助缓解两餐之间的饥饿。通常小点心和糕点会在手推车、自助餐台或三层点心架上提供。糕点叉或甜品叉、小刀等则放置在旁边的展示盘上。传统的下午茶会有一壶煮好的红茶，再加一壶热水、一壶冷牛奶和一个装好柠檬片的配盘。

餐厅服务

 思考与练习

一、思考题

1. 领班与两位新员工沟通学习心得和疑惑。甲想知道为什么不能提前一天晚上把准备工作做完,这样第二天上班就可以更轻松了。乙认为每次餐前准备的工作大多是卫生清洁,可以把清洁工作分给保洁人员来做,服务员做好服务工作,这样可以更专业。如果你是领班,你会如何回答两位员工的疑惑?可以试着从餐前准备工作的作用来分析。

2. 餐前准备工作主要是做好服务区域内的安全和卫生检查,服务工具和用品的准备。此时客人还没到,菜肴问题也还未知,为什么还需要与厨房沟通?要沟通哪些内容?

试一试

尝试在20分钟内完成一个六人位餐桌的餐前准备工作,并进行自查。

二、技能训练题

请按照这次晚宴菜单的内容进行一次完整的餐前准备工作,记录工作过程,并参照世赛评分标准进行学习评价。

表 1-4-8 准备工作世赛评分表(Marking Scheme for Mise en Place)

自评价标准 Sub Criteria	项目类型 Aspect Type	描述 Description	分值 Score	描述 Description
准备工作 Mise en Place	测量 M	桌布铺设正确 Correct set up of tablecloth	是/否 Yes / No	
	测量 M	餐巾折叠一致 Napkin folds crisp & consistent	是/否 Yes / No	
	测量 M	瓷器已抛光并摆放在正确位置 Crockery polished & correct placement	是/否 Yes / No	
	测量 M	不锈钢餐具已抛光并摆放在正确位置 Cutlery polished & correct placement	是/否 Yes / No	

（续表）

自评价标准 Sub Criteria	项目类型 Aspect Type	描述 Description	分值 Score	描述 Description
	测量 M	玻璃器皿已抛光并摆放在正确位置 Glassware polished & correct placement	是 / 否 Yes / No	
	测量 M	摆放整齐、对称 Symmetry	是 / 否 Yes / No	
	判断 J	整体呈现 Overall presentation	0	台布不一致，餐巾不合适，餐台不适合提供服务 Cloth not consistent, napkins not appropriate, table not presentable for service at all
			1	台布不一致，餐巾布台不太合适，可以有三星标准 Cloth not consistent, napkins not really appropriate, expectation of 3 star setup
			2	台布基本一致，餐巾较合适，可以有四星标准 Cloth set almost consistent, napkins appropriate, expectation of 4 star setup
			3	台布整齐一致，餐巾适合就餐，台面给人印象深刻，可以有五星标准 Consistent cloth, impressive table and napkins appropriate to task, expectation of 5 star setup

模块二

对客接待

客人对餐厅的第一印象从预订餐位开始。从客人抵达餐厅到愉快就餐后满意而归，服务员的热情接待会给客人带来温馨舒适的用餐感受。对客接待包括餐厅门口的迎宾领位服务、菜肴酒水的点单服务、客人席间就餐服务和餐后送客服务。

餐厅门口的迎宾领位工作包括热情欢迎客人抵店，准确识别客人就餐需求，引导客人到合适的就餐区入座，合理导引预订、等位等客流；点单服务包括在点单时为客人提出适当的建议和指导，准确地接受客人的点单，根据点单内容调整餐台餐具；席间服务包括遵循相应的餐桌礼仪为客人提供席间服务，在上菜间隙适时提供酒水饮料补充服务，熟练地从客人的餐桌清理餐盘和其他物品，与客人进行有礼有节的有效交流沟通，关注客人的需求并提供针对性服务。

热情迎客是服务员主动提供优质服务的第一步；合理高效地导引客流则是服务员沟通能力、协调能力和管理能力的综合体现；准确识别客人就餐需求并提供妥帖的建议，既是对服务员的对客服务心理的考验，也是对服务员合理运用基本餐饮知识的考验；流畅的席间服务则能让客人切实体会到周到的服务和奢华的享受；服务人员能在对客交流过程中始终保持彬彬有礼是一个优秀服务员具备自信大方、不卑不亢等职业素养的客观呈现。

图 2-0-1　第 44 届世界技能大赛中国参赛选手零点服务比赛项目现场

模块二　对客接待

任务 1　迎宾服务

 学习目标

1. 能热情迎接客人,识别客人的不同就餐需求。
2. 能规范引导客人到相应就餐区并协助客人入座。
3. 能通过预订、等候名单等方式合理有效地导引客流。
4. 能与客人顺畅沟通,主动发现客人的需求,并及时妥善地处理问题。

 情景任务

海纳精致餐厅今天的餐位已全部预订,你是当班服务员,请做好晚上的迎宾领位工作。

想一想

迎宾岗位需要工作人员具备哪些职业素养?

 思路与方法

一、工作人员（WHO）

迎宾服务员。主要负责接受预订、门口迎宾、安排餐位、领位入座等工作。

二、工作区域（WHERE）

零点餐厅。迎宾台或餐厅门口、餐厅内就餐区域、候餐区。

三、工作内容（WHAT）

1. 热情迎客。给予每一位抵达餐厅的客人以热情欢迎,树立良好的第一印象。
2. 领客入座。根据客人的特点和个性化需求,安排合适的位置。
3. 控制客流。协调好餐厅效益和客人需求间的关系,有效控制餐厅客流,确保就餐合理有序。

> **议一议**
>
> 迎宾时如何给客人留下良好的第一印象？

四、工作原理（WHY）

迎宾领位是为客人提供优质服务的第一个机会。当客人来到门口，经验丰富的迎宾员会努力争取维持优质的服务。欢迎客人的方式、引领客人就座的餐桌，甚至是椅子的朝向，都对客人至关重要。

礼貌地迎接客人是为客人提供优质服务的首要环节。它通常包括礼节性地招呼和询问，确定客人的身份和预订情况。从客人出现在视野里的第一眼起就开始关注客人的神态和需求，保持和客人的眼神沟通并辅以恰当的言语交流，避免公式化的语言和自说自话。礼貌而不失真诚的询问可以让客人切实感受到宾至如归。迎接客人时，迎宾员应帮助客人接过外衣、帽子、雨伞或手提袋，而不是带他们去衣帽间，避免客人在衣帽间等待衣帽牌，这会让客人对周到的服务更加满意。

对于领位，优质的服务体现在观察到客人的需求并提供有针对性的服务。迎宾员最好直接把客人领到桌边，而不是让客人选择。因为从客人一出现，迎宾员始终处于关注并随时提供服务的状态比更多的选择更重要。安排座位时要考虑社交礼仪，通常情况是女士靠墙坐，面向整个餐厅，男士面对女士，背对餐厅。如果发现座位不合理，迎宾员应等候在近旁帮助客人调换位置。客人入座后，要及时向客人呈递菜单。有些餐厅认为这个时候应尽可能地在桌面上呈递餐品，无论是面包、饮品还是免费的佐点，都是很好的欢迎方式。

合理控制客流是餐厅生意兴隆的一大法宝。理想的状态是客人都提前预订好餐位，这样可以保证就餐有序而又能生意兴隆。但现实是大家都会在共同的时间段就餐，餐厅的营业时段会有餐期和空档期。当餐期到来时，每个餐厅都会有独特的让客人分流就餐的方法。无论是预订、限时销售还是有规则等位，目的都是让餐厅的服务区域合理分开，让服务员的工作量相对均衡，同时最大限度地利用餐厅内的餐位。

五、工作方法（HOW）

1. 接受预订。准确记录客人的预订信息，灵活协调预订需求和餐厅经营策略，合理接受预订。

2. 在迎宾台或门口热情欢迎客人，向客人致意。如，"晚上好！金先生！欢迎来到××餐厅！"

3. 礼貌询问客人的预订情况。如果不知道客人的姓名，可以通过询问"请问您用什么名字进行的预订？"而不用"请问您有预订吗？"来确定客人。客人回答后应迅速扫过预订簿上的客人预订信息，目视客人，礼貌询问"您预订的是×点钟的×人位是吗？"。当几个人同时来到前台接待处，不能确定他们是不是一起时，最好的欢迎方法是通过询问"请问您一共几位？"来确定不同客人。如果客人没有预订，可以帮助客人在预订簿上登记，列入等候名单。

4. 根据客人的预订信息和餐厅运营情况进行餐位安排和引领。引领预订客人和有餐位的客人尽快入座。关注没有预订而需要等位的客人的等候需求，在等待区提供免费饮品和小食，记录客人特征，以便及时招呼客人入座。记录客人特征时，避免用判断性的描述或印象描述。

5. 观察并了解客人的就餐座位需求，及时领位入座。仔细观察客人的特点，预判客人对座位的需求，同时认真倾听客人提出的要求，合理安排客人的餐位，礼貌引领客人入座。

6. 协助客人就座。恰当运用服务礼仪帮助客人拉开餐椅，协助客人就座。就座时，如果客人脱下外套，要及时帮助客人寄存。如果客人把外套搭在椅背上，要询问客人是否需要帮助寄存，防止服务时汤汁溅到外套上。同时帮助客人摆放其他物品。

7. 呈递菜单，服务餐厅赠送的餐品和饮品。

六、工作工具（WITH）

1. 餐厅餐位图及预订单（Reservation List & Location）。
2. 菜单（Menu）。

活动

一、迎宾服务

你在门口迎宾时来了六位客人，请判断这些客人是否是一起来的。根据不同客人的预订情况和就座需求引领客人到就餐区域。

练一练

和同伴尝试一起练习迎宾。迎宾时可以说的问候语有哪些？

图 2-1-1　欢迎客人
Greeting the Guest

二、引客入座

通过迎宾时礼貌的询问，你知道六位客人是两批客人，其中四人预订了一个独立的包间，另外两位是没有预订的客人。你已经完成了四位预订客人的引领入座。现在请安排两位没有预订的客人到合适的位置入座。

协助入座	展开餐巾	呈递菜单
• 根据客人就座需求建议合适位置； • 协助客人就座	• 为客人铺放餐巾	• 呈递菜单并进行简要介绍

图 2-1-2　协助入座
Seating the Guest

议一议

餐厅客人的就餐心理有哪些？对客服务时应重点关注客人的哪些心理需求？

工作提示

1. 关注行动不便的客人，为其安排交通便利的位置。
2. 关注婴幼儿，为其安排安全的角落。
3. 客人如果带了活泼好动的儿童，尽量安排空间大的座位，方便进出，尽量不影响其他客人就餐。
4. 关注有吸烟习惯的客人，礼貌提醒客人餐厅内禁止吸烟，告知客人餐厅不设吸烟区。

礼仪提示

1. 菜单应保持崭新干净，如菜单上有污秽，应立即更换，不能将这种菜单交给客人。
2. 呈递菜单应走到客人身边轻轻递上，不能隔开很远伸手递送。
3. 呈递菜单时应握住菜单的上端，使客人可以接住菜单的下端。
4. 先递给女宾或主要客人："小姐（先生），请看菜单。"再依次递给每位客人。
5. 酒水单应递给男宾："先生，这是酒水单。"

三、客流导引

餐厅现在已经客满,又有三批客人前来就餐,分别是一对情侣、一家五口和十人的同学聚会。应如何合理安排餐厅客流?请参照下面的客人分流方案。

> 餐厅客流导引方案
>
> 1. 客情分析
> - 一对情侣:需要安静的两人位,免打扰,推荐靠近角落的餐位。
> - 一家五口:有老人和婴儿,需要较大空间并能有方便的通道,同时尽量远离人多的空间,推荐餐厅后部靠近走道的六人位。
> - 十人同学聚会:需要独立空间以方便沟通,且不会打扰其他客人就餐,推荐十到十二人位的独立包厢。
>
> 2. 餐厅供应能力分析
>
> 餐厅公共就餐空间内有两个两人位餐位在十分钟内会翻台结束,其中一个靠近角落;餐厅后半部有一个八人位餐位已经结账;有一个十二人包厢预订的客人未到。
>
> 3. 分流方案
>
> 餐位预订是有效分流客流的方式,根据餐位情况和用餐高峰特点合理安排餐厅的轮转,可以最大限度出售餐位,同时留住客人。
>
> 对客满后需要等位的客人,餐厅需要尽力挽留,尽快安排。迎宾员需要尽快记住等待客人的基本特征。例如:拿着鲜花的情侣需要角落的座位;推着婴儿车的一家五口需要一个空间较大的区域就座和摆放物品;佩戴相同纪念徽章的十位同学需要一个独立的包厢……同时,还要安置等位的客人到等待区,提供小食、饮料和休闲活动,留住客源并争取回头客人。

查一查

餐厅常用的分流方案中有哪些成功案例?

总结评价

根据今天所学,可以将迎宾服务的主要工作内容和要求整理成以下表格,请按照下列工作要求进行学习评价。

表 2-1-1　迎宾服务评价表（Greeting & Seating the Guest）

迎宾服务	是/否
能热情迎候客人，招呼客人得体	
能分辨客人需求并提出适当就座建议	
能根据餐厅客流情况进行合理导引，保证餐厅的就餐率	
引客入座	**是/否**
能根据客人就座需求引领客人就座	
能关注客人的特殊需求并给予照顾	
能为客人展开餐巾	
能在恰当的时机向客人表达欢迎并介绍自己	
能为客人呈递菜单并简要介绍	
能恰当运用服务礼仪	
能有效保持与客人的言语交流或眼神交流	
客流导引	**是/否**
能根据餐厅客流量完成餐位预订	
客满后能用分流技巧留住客人	
客人在等待就餐时，能为客人提供小食或小礼物	
在整个服务过程中能关注细节，及时解决问题	

拓展学习

客人就餐需求

1. 卫生需求。卫生是每个客人都特别注重的，没有人愿意到卫生有瑕疵的地方去吃饭，也没有人愿意吃到不干净的食物。因此，餐厅要特别注意卫生问题，不要因为卫生不过关造成客人的流失。

2. 安全需求。如果客人一走进餐厅就因为湿滑的地面滑倒，或是

试一试

和同伴尝试分角色练习，观察并找到对方的就餐需求。

他们的孩子在就餐过程中出了意外，那他们的这次不快很可能导致下次不敢再来了。餐厅要做好安全措施，让客人放心就餐，满意而归。

3. 营养需求。随着生活水平提高，客人对营养的要求也越来越高。这促使餐厅开始重视健康和营养的问题，无论从菜肴制作上还是点单的搭配上都要更加重视健康和营养均衡。

4. 风味需求。客人比较在意菜肴的风味和特色，服务员要熟练地介绍菜肴以吸引客人的注意。

5. 受欢迎的需求。任何客人走进餐厅都希望受到服务员的热情欢迎。服务员对待客人要一视同仁，做到"三个一样"：消费额度高低一样、不同国籍客人一样、新老客人热情一样。

6. 受尊重的需求。尊重客人是对服务员最起码的要求，服务员不仅要尊重客人的人格，还要尊重他们的宗教信仰。

7. 追求舒适的需求。客人到餐厅消费，餐厅要尽量给客人营造温馨舒适的氛围。

8. 物有所值的需求。客人希望所有消费都是物有所值的，这是客人的本能，也是客人的基本要求。只有做到物有所值，客人在消费过程中才会有满足感。

思考与练习

一、思考题

1. 为了有效控制客流，很多餐厅都会采用预订就餐的方式。由于餐位预订通常不会预收订金，总会有客人以这样或那样的理由取消预订或是没有取消预订但也没来就餐，因此餐厅一般会接受超额预订。但是当客人全部到店时，就会出现有人没有餐位的情况。如果你是领位，你会如何处理超额预订带来的问题？

2. 除正常就餐需求外，客人也会有额外的服务需求。请列举10种客人可能会提出的服务需要，并思考如何主动发现客人的潜在需求。

二、技能训练题

今天餐厅生意兴隆，客满后还有二十多位客人在等位，需要尽快引导这些客人就座。请邀请同学模拟客人试一试，并写下操作步骤和注意事项。

查一查

查询了解餐厅主流预订系统有哪些，各自有什么特点。

Step 1	• 操作步骤： • 注意事项：
Step 2	• 操作步骤： • 注意事项：
Step 3	• 操作步骤： • 注意事项：
Step 4	• 操作步骤： • 注意事项：
Step 5	• 操作步骤： • 注意事项：

模块二 对客接待

任务 2 点单服务

学习目标

1. 能熟练运用中英文准确流利地介绍菜单上的全部菜肴。
2. 能关注客人的就餐需求,在客人点单时提出适当的建议和指导,能与客人顺畅沟通,服务态度不卑不亢。
3. 能准确地接受客人的点单并复述确认。
4. 能根据点单内容及时调整餐台餐具。
5. 能随时关注客人的就餐心理变化和需求表现,及时提供有针对性的服务。

情景任务

值台服务员在客人浏览菜单时,需要时刻关注客人需求并及时发现客人的点单意向。现在,两位客人已经看好菜单,请你为客人完成菜肴和酒水推荐并下单。

想一想

如何确认客人已经准备点单了?

思路与方法

一、工作人员(WHO)

值台服务员。负责客人就餐全过程的针对性服务,从点单开始到席间服务再到送客服务。

二、工作区域(WHERE)

餐厅外场及内场。包括客人餐桌旁、下单服务台和厨房区。

三、工作内容(WHAT)

1. 介绍菜单。介绍餐厅和主厨推荐菜肴,包括菜肴名称、菜肴构成及菜肴特点。

查一查

推荐菜肴有哪些技巧?

2. 推荐菜肴。判断客人的就餐意向,进行有针对性的菜肴推荐,重点介绍适合客人就餐需求的菜肴。

3. 询问确认菜肴做法和调料搭配。例如,沙拉类、肉类、海鲜类菜肴的制作方法和酱料类别。

4. 推荐菜肴搭配酒水。根据客人点单菜肴的特点和客人的就餐需求恰当推荐酒水,提升客人就餐满意度,提高销售收入。

5. 复述每位客人的点单。确认客人的消费意愿和就餐要求。

6. 系统下单。确认下单内容已提交发送至厨房、吧台和收银等各相关岗位和部门。

7. 与厨房沟通。确认客人点单的菜肴可以正常供应,并与厨房沟通客人的特殊就餐需求。

四、工作原理(WHY)

点单的目的是根据餐厅的营销目标和客人的需求进行有效的餐品和饮品推荐。了解菜单、酒单的构成是点单服务的前提,掌握客人的就餐心理提供针对性推销是点单服务成功的关键因素,在企业营销目标和客人就餐需求之间找到最佳结合点是点单服务的精髓。

通常情况下,菜单会有前菜、汤品、主菜、甜品等品项。如果是较高的接待规格,菜单可能会有更多餐品品项,如开胃菜、汤品、沙拉、副菜、主菜、甜品、芝士、咖啡等。服务员上岗后需要确认当日菜单,在熟悉菜品内容的同时,还要了解餐厅当日的营销重点和主厨推荐菜肴的特点。能详细说明客人想了解的菜肴特征是成功推销菜品的重要因素。

餐厅服务员识读菜单的主要任务是识别菜肴的主要食材和食用方法,方便依据客人的饮食习惯和喜好进行相应推荐。西式烹饪的主要食材包括原料和调料。原料有蔬菜、乳制品、肉制品、家畜肉、家禽类、水产品、意大利面条、果品等,调料有各种香料、烹调用酒、调味品等。西餐的烹饪方法有炸(Deep Fry)、烤(Roast)、焗(Broil)、煮(Boil)、煎(Pan Fry)、氽(Poach)、炖(Simmer)、烧或焖(Braise)、烩(Stew)、铁扒(Grill)等。

在合适的时机点单同样是周到服务的体现。对于识别何时可以接受客人点单,读懂客人的"肢体语言"非常重要。服务员要注意仔细观察客人肢体语言发出的信号。例如,客人竖起食指,合上菜单本,挥一下手,点一下头,或是带有询问含义的眼神等,都可以表示客人已经准备就绪,可以点菜。若客人双手交叉置于胸前,则说明他们犹豫不决,不知所措,也许是第一次到这家餐厅,需要服务员的引导。服务员应集中思想，注意观察客人肢体语言发出的信号。

在点单过程中进行恰当的推销是餐厅成功营销的关键策略。服务员应观察、判断客人的消费倾向，当发现客人有意点菜时，主动迎上前询问并确认客人的就餐需求，时刻关注客人的表情，进行精准的菜肴和酒水推荐，关注客人的消费心理，相应调整销售策略和内容，从客人的角度出发提供就餐建议，注意避免刻意的销售语言。

点单顺序也是服务礼仪的重要体现之一。西餐往往采用分餐制，客人通常会各自点菜。从服务礼仪和服务心理来说，通常先请儿童点，其次是女士，最后是男士。如果是宴请，主人会为他所邀请的客人点菜，服务员应先招呼主人；如果主人请客人各自点菜，则从主人右边的客人开始，或是从其中的一位女客人开始，有时也可以从已经准备好的客人开始。服务员在招呼客人点菜时态度要热情，要有礼貌，面带微笑，关注全体，灵活掌握。针对个客制的点餐方式，服务员需要准确记录和复述每位客人的每一道菜肴，避免下单混淆和上错菜。

五、工作方法（HOW）

1. 点单前的工作准备。准备笔和点菜单；了解餐厅菜单的构成；向厨房了解当日菜单上的菜品原料是否充分；确认当日主厨推荐菜肴的特点；掌握餐厅基本的饮料和酒品的名称及类别、储备酒水和菜肴搭配的知识。

2. 提供点单服务。确认点单顺序，标记"一号椅"客人位置，按顺时针方向请客人点菜。点单时给予客人充足的考虑时间，不催促、不打扰。

3. 推荐菜肴和酒水。观察判断客人的消费倾向，在客人询问前，主动介绍当日"主厨推荐"；为客人提供菜式搭配的必要建议；询问客人所点餐品的制作方法和特殊饮食习惯；恰当推荐佐餐酒水。同客人讲话时身体微微前倾，不得打扰其他客人，当客人点菜时眼睛注视客人。适时提问，明确客人的需要，如询问客人选汤还是沙拉；恰当追问，有些菜肴需要询问客人更详细的信息，如希望食物几分熟；合理询问，如客人的饮酒量及喜好。

4. 复述确认点单内容。获得每位客人的确认后，整齐、清楚地书写点单菜品，注明主位及各位客人所要酒水的种类及品牌。点菜单上写清楚宾客数、台号、日期、点菜的具体时间、点菜员工的姓名、客人的特殊要求。

5. 完成点单收尾工作。根据客人意向，礼貌收回菜单和酒水单，并向客人致谢。

忆一忆

如何判断客人的消费意愿和特点？

说一说

菜肴和酒水搭配的原则是什么？

练一练

一次性快速记录四位不同客人的不同点单需求。

6. 分送点菜单。如果是电子下单，点单的同时，厨房、收银和吧台都会收到点单内容，服务员应注意确认自己的工号和下单时间。如果是手写单据，一式四份，一份留在工作边台，一份送厨房，两份送收银台。

六、工作工具（WITH）

1. 菜单和酒水单（Menu & Wine List）。
2. 点单设备，如点菜单和笔（Equipment & Pen）。
3. 服务托盘（Service Tray）。

活动

一、点单建议

向客人推荐菜品前，请先熟悉菜单，说出菜单构成。两人一组，分别扮演客人和服务员，用中英文介绍菜单的全部菜品，包括菜肴构成、菜肴特点和菜肴的烹饪方法。

查一查

查询资料，了解更多西餐菜肴的食材构成、制作方法和风味特点。

Entrée → 前菜
Pork Belly, Apple Sauce, Black Pudding
Alternated with
Golden Broth, Braised Abalone, Aromatic Herbs

Main Course → 主菜
Cape Grim Beef Fillet, Potato Sauce, Spinach, Horseradish
- 主食材
- 辅食材
- 调料（口味）

Alternated with

Steamed Striped Trumpeter, Braised Onions
- 烹饪方法

Dessert → 甜品
Wild Bolivian Chocolate Biscuits, Mousse, Prune

图 2-2-1　菜单构成及菜肴推荐
Menu and Recommendation for Dish

关注客人的微表情和肢体动作，判断客人的选择意向，采取换角度推荐或进一步推荐等策略，帮助客人完成菜品选择。

二、接受点单

点菜应先女士后男士，先年老后年轻，先宾后主，按顺时针方向进行，分别记录每位客人的点单内容；点菜后要向客人复述一遍，避免错漏；注意点菜时要积极推销，耐心介绍，腰部微弯，以示对客人的尊敬；点单内容经过系统下单确认，或手写四联单后分送各部门沟通确认。

三、调整餐台

根据客人点单菜肴的不同，需要增加或减少餐台上的餐具。参照前面学习过的餐具的用途，根据客人点单进行餐台调整。

> **查一查**
>
> 牛排成熟程度分为哪几个阶段？每个阶段具有什么形态特征？如何快速判断牛排的成熟度？

点单餐台

这是大多数零点餐厅基本的布台方式，服务期间可以根据客人的点单进行相应餐具的增加和调整

点单中含鸡尾冷虾餐台

如果客人点单中含有鸡尾冷虾等冷盘，摆放一副小勺和小叉，同时准备随时额外供应烤面包和黄油

点单中含牡蛎餐台

如果客人点单中包含牡蛎，则在右侧布放牡蛎叉，同时准备一个小碗或预先包装好的小卫生纸

点单中含鱼子酱餐台

如果客人点单中包含鱼子酱，则需要使用银餐具，如果鱼子酱配有面包，就需要多放一把小叉子和刀

点单中含意面餐台

如果客人点单中有意大利面，在右侧布放一个大叉，在有些地区还会摆放一副小刀叉

图 2-2-2　调整餐台
Table Setting

> **卫生提示**
> 1. 撤换餐具要注意卫生。
> 2. 减少手指与餐具的接触面积。
> 3. 不触碰餐具入口部位。
> 4. 在客人面前撤换,动作一次到位。

 **总结评价**

根据今天所学,可以将点单服务的主要工作内容和要求整理成以下表格,请按照下列工作要求进行学习评价。

表 2-2-1　点单服务评价表(Order-taking)

点单建议	是/否
能熟练用中英文介绍菜单中的菜肴名称及特点	
能判断客人的喜好并恰当推荐菜肴	
能根据菜肴搭配推荐酒水	
接受点单	**是/否**
能快速记录客人的点单内容	
能根据菜肴特点进一步询问搭配酱料及菜肴做法	
能分别记录不同客人的点单内容	
能复述每位客人的点单内容及就餐要求	
能关注客人的消费意向和特点	
能有效保持与客人的言语交流或眼神交流	
调整餐台	**是/否**
能根据客人的点单菜肴及时增减、调换餐具及餐位	
能保持优雅的姿态,自信地为客人服务	
在整个服务过程中,能关注细节,及时解决问题	

查一查

查询资料,了解西餐常用原料、调料及水果的中英文名称。

 拓展学习

客人消费的类型

1. 便利快捷型

这种客人的时间观念较强,最惧怕长时间等候,讨厌服务员动作迟缓、不讲究效率。接待这样的客人,服务员点菜要及时,不能拖拖拉拉。此外,还要考虑给他们推荐一些几分钟就能做好的菜,不要让他们等太长时间。

2. 节约型

这种客人很节俭,更注重菜肴的价格,而对菜肴的质量、用餐环境等并不十分计较,同时他们希望享受到热情的服务,对服务员傲慢的态度较为敏感。对这种类型的客人,服务员尽量不要向他们推荐高价菜肴,而要推荐味道好且价格适中的菜。在服务过程中,服务员要主动、热情,面带微笑。

3. 享受型

这种客人更多把就餐当成体现自己地位和实力的方式。他们对菜肴档次、服务规格、用餐环境等都有很高的要求,不但希望品尝到名贵的菜肴、享受优雅的服务,而且希望得到别人的注意,满足自己被尊重的心理需求。对这种类型的客人,服务员可以推荐一些高价菜和特色菜,并有意识地赞美他们。

4. 求新求异型

这种客人比较注重菜肴和服务的新颖性,为的是追求与众不同的感觉。他们对新开发的菜肴以及新奇别致的服务方式特别感兴趣,服务员可以向此类客人多介绍新推出的菜品,或提供有创意的服务。

> **忆一忆**
>
> 遇到犹豫不决的客人应如何判断他们的消费类型?

 思考与练习

一、思考题

1. 请列举你知道的佐餐酱料及其主要成分。

2. 为客人推荐菜肴时,有人说"越贵越好",有人说"越多越好",有人说"够吃就好",有人说"客人为主,客人问什么就介绍什么"……你的观点是什么?请说明理由。

二、技能训练题

邀请同学一起分别扮演客人和服务员,完成菜肴点单的练习。试一试,并写下操作步骤和注意事项。

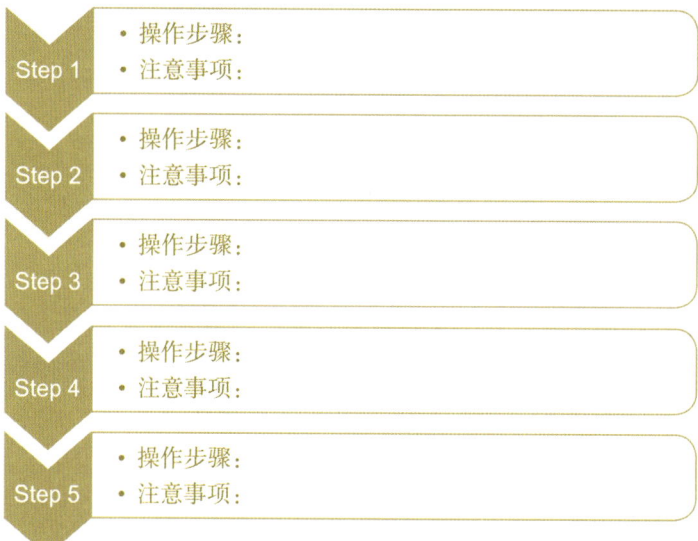

Step 1
- 操作步骤:
- 注意事项:

Step 2
- 操作步骤:
- 注意事项:

Step 3
- 操作步骤:
- 注意事项:

Step 4
- 操作步骤:
- 注意事项:

Step 5
- 操作步骤:
- 注意事项:

任务3 就餐服务

学习目标

1. 能遵循相应的餐桌礼仪为客人提供席间服务。
2. 能在上菜间隙适时提供酒水饮料补充服务。
3. 能熟练地从客人的餐桌上清理餐盘和其他物品。
4. 能在合适的上菜间隙清理桌面（如面包屑）。
5. 能针对不同的客人或客人群体，采用不同的交流方式，与客人进行有礼有节的有效沟通。

情景任务

作为海纳餐厅的当班服务员，你负责值台的两位客人已经点单结束，请为他们提供恰当的就餐席间服务，让客人能愉快地享受整个用餐过程。包括餐前面包服务、前菜服务、白葡萄酒服务、汤品服务、主菜服务、红葡萄酒服务、餐后甜品服务、咖啡茶饮服务、席间酒水添加服务、撤换餐具服务、清扫台面服务、调整餐具服务以及满足客人提出的个性化需求服务、餐后清理工作等。

想一想

客人就餐时，除了提供菜肴酒水服务，还要关注客人的哪些需求？

思路与方法

一、工作人员（WHO）

值台服务员。为客人就餐全程提供席间服务，提升客人的就餐舒适度。

二、工作区域（WHERE）

餐厅。包括客人餐台、工作边台、厨房区域、餐具清洗区。

说一说

就餐开始前为什么会有面包和矿泉水服务?

三、工作内容(WHAT)

1. 餐前面包服务。根据厨房当日提供的面包种类,为等待上菜的客人提供餐前面包,并服务黄油。

2. 菜肴服务。根据餐厅规模和定位的区别,采用相应的服务方式为客人呈送菜肴。

3. 酒水服务。按照客人的点单呈递酒水,经过示酒、开瓶、试酒、醒酒、斟倒等过程服务酒水。

4. 汤品服务。包括汤杯和汤盆两种出菜方式。

5. 席间酒水添加服务。当客人的矿泉水和葡萄酒少于杯子的三分之一或客人有需求时,及时询问客人的添加意愿,适当添加酒水。

6. 席间餐具撤换服务。时刻关注就餐过程,需要遵循"先撤后上"的原则撤换脏餐具和空盘子。

7. 咖啡茶饮服务。客人用餐后为其推荐咖啡或茶饮选择,并提供咖啡或茶饮的配套服务。

8. 台面清扫服务。主菜享用结束后进行台面清理,扫除食物残渣和面包屑。

9. 满足客人个性化需求服务。保持就餐期间对客人的全面关注、主动关注和个性化关注。

10. 餐后清理工作。分类清理各类餐具和餐厨垃圾,做好脏餐具分送和垃圾分类工作。

四、工作原理(WHY)

不论是哪个国家的餐厅,都会努力在就餐过程中传递饮食文化,充分体现餐厅对客人的重视。虽然有不同的服务方式,但服务过程和服务礼仪都是当地文化的彰显。

传统的法式服务是一种最周到的西式服务方式,由两名服务员共同为一桌客人服务。其中一名为经验丰富的正服务员,另一名是助理服务员,也可称为服务员助手。在法式服务中,服务员会在客人面前做一些简单的菜肴烹制表演或切割菜肴和装盘服务。正服务员请客人入座,接受客人点单,斟酒上饮料,在客人面前烹制菜肴,为菜肴调味,分割菜肴,装盘,递送账单等。助理服务员帮助正服务员现场烹调,把装好菜肴的餐盘送到客人面前,撤餐具和收拾餐台等。

俄式服务是西餐普遍采用的一种服务方式。俄式服务的餐桌摆台与法式服务几乎相同。俄式服务讲究优美文雅的风度,会将装有整齐和美观菜肴的大菜盘端给所有客人过目,让客人欣赏厨师的装饰和手艺。俄式服务方式简单快速，服务时不需要较大的空间，因此它的效率和餐厅空间的利用率都比较高。俄式服务使用了大量的银器，并且服务员会将菜肴分给每个客人，使每一位客人都能得到尊重和较周到的服务，因此增添了餐厅的气氛。俄式服务是在大浅盘里分菜，可以将剩下没分完的菜肴送回厨房，避免浪费。

美式服务是一种简单、快捷的餐饮服务方式，通常一名服务员可以服务数张餐台。美式服务简单且速度快，餐具和人工成本都比较低，空间利用率及餐位周转率都比较高，广泛用于咖啡厅和西餐宴会厅。

英式服务又称家庭式服务，是服务员从厨房将烹制好的菜肴传送到餐台，由宾客中的主人亲自动手切肉装盘并配上蔬菜，服务员再把装盘的菜肴依次端送给每一位客人。调味品、沙司和配菜都摆放在餐桌上，由客人自取或相互传递。英式服务的家庭气氛很浓，许多服务工作由客人自己动手，用餐的节奏较缓慢。

综合式服务是一种融合了法式服务、俄式服务和美式服务的综合服务方式。许多西餐宴会会采用这种服务方式，通常用美式服务上开胃品和沙拉，用俄式或法式服务上汤和主菜，用法式或俄式服务上甜点。不同餐厅或同一餐厅的不同餐期选用的服务方式组合也会不同，这与餐厅的种类和特色、客人的消费水平、餐厅的销售方式等密切相关。

> **查一查**
>
> 餐厅常用的服务方式有哪些？它们分别具有什么特点？

五、工作方法（HOW）

1. 传菜

（1）根据客人就餐进度，于服务前5—10分钟到厨房通知厨师准备好将要服务的菜肴，并确认菜肴所属客人的台号。

（2）核对制作完成的菜肴的数量、火候和特殊要求，以及所配的调味汁是否与点单上的要求一致。

（3）将菜肴整齐地摆放在服务车上，热菜须加盖保温，盛放调味汁的银盅放在垫有花纸的盘上。

（4）将服务车平稳推回餐厅，确保汤汁没有溅出，菜肴在盘中没有移位。

（5）同一桌客人的菜肴必须同时取回。

2. 上菜

（1）将放有食物的服务车推至客人台旁。

（2）礼貌地示意客人，提醒客人注意。

（3）上菜时用右手拇指根部卡住盘边，从客人右侧按顺时针方向服务，女士优先，先宾后主。

（4）上菜时动作要轻，并保证所有菜的摆盘方向相对于客人一致。

（5）向客人说明菜肴的名称。

（6）同时取下所有客人菜肴上的保温盖。

（7）如盘子很烫，须礼貌地提醒客人注意。

（8）预祝客人用餐愉快。

3. 服务调味料和酱汁

（1）从客人左侧服务。

（2）说明酱汁和配料的名称，并询问客人调料放于盘中的位置。

（3）服务时左手拿住盛放有调料的盘，右手使用勺。

（4）服务时应避免料汁洒落在台面和客人身上。

4. 补充斟倒酒水、饮料

（1）关注客人的酒水、饮料，少于杯子的三分之一时主动添加。

（2）拿着相应的酒水、饮料，走到客人面前轻声询问是否需要添加："帮您添酒水、饮料。"

5. 整理台面

（1）将客人进餐不需要用的餐具撤走，再将客人所需的摆好。

（2）撤餐具时用食指和拇指拿，禁止直接用手握住餐具。

（3）台面摆放合理、整洁。

6. 解决疑难问题

（1）遇有客人赶时间上菜，应及时与厨房联系，尽快将菜上桌。

（2）遇有客人喝醉应及时上毛巾、热茶，备好塑料袋，以防客人呕吐，并告知领班或主管。

（3）遇有客人打翻水杯等，应及时递上毛巾，安慰客人不必惊慌。

（4）遇有杂物时，先道歉并撤下该菜，告知主管去处理。

（5）遇有上菜错误时，如客人没食用，应征求意见是否需要；如客人不要，表示歉意，并快速撤下；如客人说要，就加单；如客人已动筷，就酌情赠送或撤下。

7. 餐后清理工作

（1）先对齐餐椅，收集棉织品。

（2）用托盘根据餐具类别合理摆放，重、高物品放于托盘内侧，轻、低物品放于托盘外侧，不得将玻璃器皿重叠摆放，分类送到洗碗间。

（3）用托盘收下花瓶、胡椒盐盅和牙签盅，并擦拭干净。

（4）整理工作台。

（5）注意垃圾分类。

练一练

与同学各自写出3种可能在就餐过程中遗留在餐厅的物品，并交换尝试写出解决方案。

六、工作工具（WITH）

1. 服务托盘（Service Tray）。
2. 冰桶（Ice Bucket）。
3. 醒酒器（Wine Decanter）。
4. 开瓶器（Wine Opener）。
5. 服务叉勺（Serving Spoon & Fork）。

 活动

一、上菜服务

上菜服务包括服务前菜、服务汤品、服务主菜、服务甜品。不同服务方式在服务过程中会通过不同的服务技巧来充分体现菜肴特点和服务规格。

美式服务	俄式服务
服务员把已准备好的菜肴直接服务到客人面前，广泛应用于宴会服务	服务员手托银盘为客人提供菜肴展示和分菜服务

法式服务	英式服务
正服务员将现场烹调的菜肴分别盛入每位客人的主菜盘内，由助理服务员端给客人	装满主菜和蔬菜的大菜盆摆在餐桌上，客人自由取用，酱汁分开提供
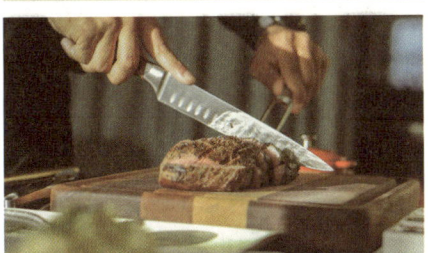	

图 2-3-1　常见服务方式
Service Methods

写一写

不同服务方式和不同国家的文化之间有什么关系？

餐厅服务

练一练

尝试完成美式服务的菜肴服务和撤换餐盘工作。

菜肴托送	右侧呈递
前菜通常直接呈递给客人，用一只手借助手臂辅助同时托运2—4份菜肴	从右侧为客人呈递菜肴，确认菜肴的观赏角度朝向客人

餐盘撤换	整理餐具
撤换餐盘时，一手托一个餐盘，同时收下另一个餐盘，并刮除垃圾	将垃圾合并一处，餐具合并在一起，最大限度减少手上餐具的占据面积

图 2-3-2　前菜服务
Entrée Service

礼仪提示

1. 服务菜肴前轻声提醒客人上菜。
2. 上菜后确保最佳观赏角度朝向客人，请客人享用。
3. 更换餐具时，打扰客人要先道歉，尽快收取餐盘和餐具，动作要轻，不能发出餐具相碰的声音。

服务汤杯	服务酱汁
当用汤杯服务时，需要配垫盆和服务巾一起呈递给客人	从侧边为客人服务酱汁和调料

图 2-3-3　汤品服务
Soup Service

模块二 对客接待

菜肴展示	菜肴分派
从厨房端出装好的肉、马铃薯和蔬菜，为客人示菜	从侧边为客人分派菜品

菜肴布放	沙司服务
每位客人盘中的肉、马铃薯和蔬菜应数量相同且布放方式一致	从客人侧边服务沙司

图 2-3-4 主菜服务
Main Course Service

想一想

俄式菜肴是否可以采用法式服务？

安全提示

1. 同时托运多盘菜肴时要保持手臂平衡，防止滑落。
2. 服务汤品时要合理使用服务巾，防止滴洒烫伤，防止倾倒。
3. 服务热菜时，用服务巾垫在手臂上防止烫伤。

卫生提示

1. 服务过程中，注意手指不要触碰餐盘内部，减少手指和餐盘边缘接触的面积。
2. 撤换餐具和清扫垃圾时，背对客人，防止垃圾滴洒到客人面前。
3. 注意动作规范，避免餐具或食物残渣掉落。

二、席间服务

客人就餐过程中需要提供及时的席间服务,包括撤换餐具、添加酒水、清扫面包屑、调整餐具、服务咖啡和茶饮。

撤换餐盘的时机:
餐盘光盘,同时出现餐具并拢或交叉放于盘中

图 2-3-5 餐具摆放含义
Cutlery Symbols

想一想

用餐过程中不同饮品的作用是什么?

席间矿泉水服务	白葡萄酒服务
客人就座后服务矿泉水或气泡水,就餐期间需要及时添加	白葡萄酒服务前须经过冰镇,当着客人的面开瓶后斟倒,不滴不洒

红葡萄酒服务	咖啡服务
红葡萄酒服务需要醒酒,当着客人的面开瓶、醒酒、斟倒,不滴不洒	咖啡服务时提供咖啡、糖、奶,并按照客人需要添加斟倒牛奶

图 2-3-6 席间酒水服务
Beverage Service

在征得客人同意的前提下,从右侧收取面包盆和黄油刀。面包盆合并一处,黄油刀合并在一起,以方便拿取。

清理面包屑	清扫台面
用扫台器或服务巾清扫台面，用面包盆收拢面包屑	扫台过程按照一定的顺序和方向，动作要轻、要快

图 2-3-7　清理面包屑
Crumbling Down the Table

调整餐具位置	调整餐具间距
上菜前，征得客人同意，从一侧帮客人调整餐具间距。服务甜品前，调整甜品勺的摆放位置，方便取用	按照少打扰的原则，先调整甜品叉，再调整甜品勺。调整餐具的间距，适合甜品盘摆放和客人取用为宜

图 2-3-8　甜品服务
Dessert Service

查一查

餐具在餐盘中平放表示什么意思？

安全提示

1. 收取餐具时餐刀餐叉要固定，防止滑落划伤或割伤。
2. 正确使用开瓶器，防止尖部划伤。
3. 开瓶时不能摇晃，不要太用力，防止瓶身碎裂。
4. 斟倒酒水时，瓶口不碰杯口，防止带倒酒杯。
5. 调整餐具时轻拿轻放，防止滑落，防止带倒其他餐具。

卫生提示

1. 收取餐盘时，用餐具刮除食物残渣，集中放置，减少污染。
2. 收取脏餐盘后要净手才能摆放干净餐具。
3. 开瓶及斟倒酒水时，身体和手指不与瓶口、杯口接触，保持瓶身稳定，瓶口没有酒水溢出。
4. 擦拭瓶口溢出的酒水时，服务巾不要触碰瓶口。
5. 清扫台面时，合理运用工具，不要用手直接清扫。

礼仪提示

1. 服务过程中尽量减少打扰客人的次数。
2. 如有打扰须提前打招呼，轻声道歉。
3. 尽快服务，减小服务动作的幅度，与客人尽量保持身体距离。

三、餐后清理

> **说一说**
> 餐后客人已经离开，为什么还要规范收台？

客人就餐结束，服务员要协助客人起身，询问就餐感受，送别客人到餐厅门口，同时祝福客人，欢迎下次光临。

返回餐位，检查客人是否有遗落物品，若有应及时处理。迅速收取餐巾、台布后，用托盘收取脏餐具送到洗碗区。

收取服务用品，整理清洁工作边台，完成工作区域的卫生打扫。

 总结评价

根据今天所学，可以将就餐服务的主要工作内容和要求整理成以下表格，请按照下列工作要求进行学习评价。

表 2-3-1　就餐服务评价表（Main Course Service）

上菜服务	是/否
能提供餐前面包服务	
能根据菜肴特点在合适温度时上菜，不滴洒汤汁	
能按照就餐顺序上菜，服务调味料和酱汁	
能按照酒水特点准确介绍酒水	
能按照酒水特点正确开瓶并斟倒，不滴不洒	

(续表)

餐中服务	是/否
能关注客人的就餐过程，及时添倒酒水	
能关注客人的就餐进度，及时上菜和撤换餐具	
能运用技巧撤换不同种类的餐具，不滴洒汤汁，不打扰客人	
能正确运用清扫工具清理台面，动作幅度小，不打扰客人	
在整个服务过程中，能有效保持与客人的言语或眼神交流	
在整个服务过程中，能保持优雅的姿态，自信地为客人服务	
在整个服务过程中，能关注细节，及时解决客人的个性化问题	

餐后清理	是/否
能运用技巧快速并高效地清理餐台，没有遗漏，注重垃圾分类	
能快速清理工作台，整理后的工作台整洁有序	

西餐流派

1. 法式菜肴

法式菜肴选料广泛（如蜗牛、鹅肝都是法式菜肴中的美味）、加工精细、烹调考究、滋味有浓有淡、花色品种多。法式菜肴还比较讲究吃半熟食或生食，如牛排、羊腿以半熟鲜嫩为特点，海味的蚝也可生吃，烧野鸭一般以六成熟即可食用。法式菜肴重视调味，调味种类多样。它常用酒来调味，而且什么样的菜选用什么酒都有严格的规定，如清汤用葡萄酒，海味品用白兰地，甜品用各式甜酒或白兰地。法式菜肴的名菜有马赛鱼羹、鹅肝排、巴黎龙虾、红酒山鸡、沙福罗鸡、鸡肝牛排等。

2. 英式菜肴

英式菜肴可以说是简洁与礼仪并重，素有家庭美肴之称。英式菜肴油少、清淡，调味时较少用酒，调味品大都放在餐台上由客人自己选用。烹调讲究鲜嫩，口味清淡，选料注重海鲜及各式蔬菜，菜量要求少而精。英式菜肴的烹调方法多以蒸、煮、烧、熏、炸见长。英式菜肴的名菜有鸡丁沙拉、烤大虾苏夫力、薯烩羊肉、烤羊马鞍、冬至布丁、明治排等。鱼与薯条（fish and chips）是大众最熟悉的英式餐品。

想一想

号称世界三大美食王国的国家是哪三个？这些国家分别有哪些代表菜肴？

3. 意式菜肴

意式菜肴注重原汁原味，以味浓著称。烹调注重炸、熏等，以炒、煎、炸、烩等方法见长。意大利人喜爱面食，吃法甚多，制作的面条有独到之处，各种形状、颜色、味道的面条至少有几十种，如字母形面条、贝壳形面条、实心面条、通心面条等。意大利人还喜食意式馄饨、意式饺子等。意式菜肴的名菜有焗馄饨、芝士焗通心粉、比萨饼等。

4. 美式菜肴

美式菜肴是在英式菜肴的基础上发展起来的，继承了英式菜肴简单、清淡的特点，口味咸中带甜。美国人一般对辣味不感兴趣，喜欢铁扒类的菜肴，常用水果作为配料与菜肴一起烹制，如菠萝焗火腿、苹果烤鸭。美国人对饮食烹饪的要求并不高，注重营养、快捷，讲求的是原汁鲜味。但他们对肉质的要求很高，如烧牛柳配龙虾便选取来自美国安格斯的牛肉。并且他们认为只有半生的牛肉才有美妙的牛肉原汁。相对于传统西餐的烦琐礼仪，美国人的饮食文化要简单很多，餐台上并没有太多刀叉盘碟，仅放着最基本的刀叉勺子各一把。通常只有在非常正式的宴会或家庭宴客时，才会有较多的规矩和程序。美式菜肴的名菜有烤火鸡、橘子烧野鸭、美式牛扒、苹果沙拉、糖酱煎饼等。各种派是美式食品的主打菜品。

5. 俄式菜肴

沙皇俄国时代的上层人士非常崇拜法国，贵族不仅以讲法语为荣，而且饮食和烹饪技术也主要学习法国。但经过多年的演变，也逐渐形成了自己的烹调特色。俄国人喜食热食，爱吃鱼肉、肉末、鸡蛋和蔬菜制成的小包子和肉饼等，各式小吃颇具盛名。俄式菜肴口味较重，以酸、甜、辣、咸为主，酸黄瓜、酸白菜往往是饭店或家庭餐桌上的必备食品。它的烹调方法以烤、熏腌为特色，喜欢用油，制作较为简单。俄式菜肴在西餐中影响较大，一些地处寒带的北欧国家和中欧斯拉夫民族地区的人们的日常生活习惯与俄罗斯人相似，大多喜欢腌制的各种鱼肉、熏肉、香肠、火腿以及酸菜、酸黄瓜等。俄式菜肴的名菜有什锦冷盘、鱼子酱、酸黄瓜汤、冷苹果汤、鱼肉包子、黄油鸡卷等。哈尔滨由于历史的原因，现尚保存有正宗的俄式西餐。

6. 德式菜肴

德国人对饮食并不十分讲究，喜食水果、芝士、香肠、酸菜、土豆等，不求浮华只求实惠营养。德式菜肴的传统菜品有蔬菜沙拉、鲜蘑汤、焗鱼排等。

查一查

查询了解传统菜肴与现代各国流行菜肴的区别，思考不同地区饮食文化发展的影响因素。

7. 其他菜系

希腊菜肴以清淡典雅、原汁原味为特点。西班牙—葡萄牙菜肴以米饭著称,常以焖烩的肉、海鲜为佐。东欧菜系与俄式菜肴相近。

思考与练习

一、思考题

1. 今天你服务的客人是四位久未碰面的同学,就餐时客人一直在交谈。出于服务的专业性,你需要随时为客人提供餐中服务,但总会时不时打断客人的谈话。请思考对客服务过程中如何才能做到细致周到又不打扰客人就餐和交谈。

2. 今天的客人谈兴正浓,就餐时间也在不断延长。请和同学讨论,如何在客人就餐过程中进行恰当的二次推销。

查一查

查找资料,学习餐饮成本的计算方法。

二、技能训练题

今天你当值的工作区域有四位客人已经点单结束。请邀请同学扮演客人,共同模拟表演就餐过程,尝试为客人提供完整的就餐服务,并参照世赛评分标准进行学习评价。

表 2-3-2 对客接待世赛评分表（Marking Scheme for Service Procedure）

自评价标准 Sub Criteria	项目类型 Aspect Type	描述 Description	分值 Score	描述 Description
对客接待 Service Procedure	测量 M	制服整洁,熨烫挺括,合身,符合行业标准 Uniform clean, ironed & well fitted, conform to industry standard	是 / 否 Yes / No	
	测量 M	鞋子光亮,符合行业标准 Shoes polished and conform to industry standard	是 / 否 Yes / No	
	测量 M	个人卫生良好,没有香水及须后水等气味 High standard of personal hygiene, no excessive perfume or aftershave	是 / 否 Yes / No	

餐厅服务

（续表）

自评价标准 Sub Criteria	项目类型 Aspect Type	描述 Description	分值 Score	描述 Description
	判断 J	全天保持姿态良好 Good posture / stance throughout the day	0	姿态表现不好，缺乏自信 Low standard of posture throughout all tasks, illustrating lack of confidence in tasks
			1	正常情况时能保持标准姿态，遇到问题时姿态不好 Average standard of posture throughout all tasks, showing bad posture when finding task challenging
			2	在完成任务过程中有良好的姿态，表现专业，但不完美 Good standard of posture throughout all tasks, professional but slightly lacking
			3	在完成任务过程中有优美的姿态，表现专业 Excellent standard of posture throughout all tasks, very professional
	判断 J	问候客人并介绍 Greeting of guests and explanations	0	没有互动，客人自己照顾自己 No interaction with guests, customers left to fend for themselves
			1	有一些互动，呈现菜单，服务完整 Some interaction, menu presented, service adequate
			2	与客人互动良好，引领客人就座，服务菜单、面包和水 Good interaction with guests, customers seated, menu presented, bread and water offered

（续表）

自评价标准 Sub Criteria	项目类型 Aspect Type	描述 Description	分值 Score	描述 Description
			3	对客人热情真诚，协助客人就座，开餐巾，呈递菜单，用精致服务提供面包和水 Warm and sincere greeting, assisted with chairs, napkin broken from left, menu and wine explained, silver service of water and bread
	判断 J	餐厅服务流程 Fine Dining Service procedures	0	没有社交技能，没有与客人互动 No social skills or guest interaction
			1	有一些互动，有足够自信完成工作任务 Some interaction with guests, an adequate level of confidence to carry out tasks
			2	有高度自信，与客人互动良好，整体印象良好 High level of confidence, good guest interaction and an overall good impression
			3	人际交往能力优秀，自然，细心 Excellent interpersonal skills, natural flare and ability and attention to details

模块三

席间食物服务

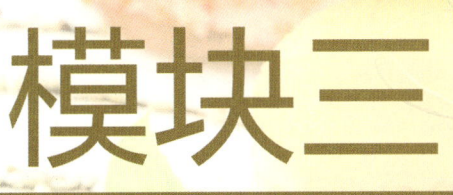

席间食物服务是指服务员当着客人的面制作菜肴,包括在客人面前制作前菜、切割分派主菜、制作火焰甜品、制作芝士拼盘等。

通过席间食物服务的学习,学生不仅能掌握常见菜品的基本知识,详细了解这些菜品的来历、主要原料及制作用具,还能学到它们的具体制作过程,以及在制作过程中如何创造良好的用餐体验、如何强化与客人沟通的意识、如何注重卫生与安全。

图 3-0-1　第 45 届世界技能大赛中国参赛选手精致餐厅服务比赛项目现场

模块三　席间食物服务

任务 1　前菜制作

学习目标

1. 能按照要求准备前菜制作和装盘所需的用具和用品。
2. 能制作经典前菜并合理装盘。
3. 能在制作过程中严格遵守安全卫生条例。
4. 能按照餐厅类型和服务要求为客人提供前菜服务。
5. 能与客人保持良好沟通。

情景任务

海纳餐厅接到上海进博会展览部重要客户宴请的预订。为了体现餐厅的服务特色，服务员需要为客人在餐桌前完成所有菜肴的现场制作和分派。根据点单，客人的前菜是凯撒沙拉。需要做好以下的服务内容，包括服务台和服务用具准备、从厨房拿取原料并展示、前菜现场制作及讲解、装盘并服务前菜。

图 3-1-1　凯撒沙拉
Caesar Salad

查一查

米其林餐厅的由来是什么？世界知名的米其林餐厅有哪些？其中的中国餐厅有什么特点？

思路与方法

一、工作人员（WHO）

有经验的餐厅服务员或餐厅主管级别以上人员。

二、工作区域（WHERE）

服务台、客人桌边和厨房。工作台区域包括前菜制作区域和餐具用具置放区，客人桌边指服务前菜时的工作站位区域及行走区域。

三、工作内容（WHAT）

1. 根据客人的点单，准备前菜制作工具。
2. 到厨房取回前菜制作原料。
3. 在客人面前完成前菜制作并装盘。
4. 将前菜分送服务到客人面前。

四、工作原理（WHY）

服务前菜通常采用餐盘服务（Plate Service）或旁桌式服务（Guéridon-service /Side-table Service）。餐盘服务：通常由厨师在厨房制作前菜，餐厅服务员把制作好的前菜直接派送给客人。旁桌式服务：由厨房准备好原料和调味料，再由餐厅服务员当着客人的面制作并介绍前菜，客人可以了解前菜制作的全过程，制作过程中客人有任何要求可以及时跟服务员沟通，客人还可以根据个人喜好改变制作配方。

凯撒沙拉由著名意大利美食家凯撒·卡蒂尼（Caesar Cardini）发明。它以罗马生菜、面包丁等为主要材料，调料是黄芥末、陈年意大利醋、柠檬汁等，通过凉拌的方式做成，菜品颜色清爽、口感酸甜。凯撒沙拉非常受欢迎，因为它的原料和做法都很简单，且整个制作过程能让客人参与其中，有"沙拉之王"的称号，如今已成为风靡全球的菜式。

根据客人的点单，凯撒沙拉采用的是旁桌式服务，以体现参与性和互动性。整个服务过程有1—2位或更多服务员参与。服务员会给客人介绍制作沙拉的每一种菜品和调味料，并且当面调味制作，过程中还会根据客人的喜好进行配方的改良。整个服务过程遵守服务流程，注重服务的表演性和互动性，充分照顾客人的感受，从而体现以人为本、以客人为中心的服务理念。

除了著名的凯撒沙拉外，还有一些作为前菜的沙拉也非常受欢迎，如凯撒鸡肉沙拉、尼斯沙拉、水果沙拉、希腊沙拉等，这些也都可以为客人当面制作。

五、工作方法（HOW）

1. 客人点完单后，准备好服务制作前菜的餐具、用具、用品等，按要求摆放在工作台备用。餐用具主要用于原料和调味料的盛放、前菜的调配混合以及制作后的装盘装饰。餐用具的准备一般须遵循餐厅的标准化操作流程LSOP（Local Standard Operation Procedure），但也可以根据服务员的操作习惯适当调整。

查一查

常见的前菜有哪些？请列举几种。

想一想

服务员在制作沙拉时可以跟客人有哪些互动？

2. 到备餐间拿取制作前菜所需的原料。
3. 向客人展示所有原料并进行介绍。
4. 制作前菜并详细介绍制作过程,注重服务流程及服务表演。
5. 与客人保持适当沟通,注重礼节礼貌。
6. 合理装盘装饰,注重颜色搭配和操作卫生。
7. 为客人服务前菜。

六、工作工具(WITH)

1. 前菜盘(Service Plate)。
2. 大玻璃碗(Big Glass Bowl)。
3. 小碗或小盘子(Small Bowl or Plate)。
4. 调味料勺(Spoon for Ingredients)。
5. 前菜刀叉(Starter Fork and Knife)。
6. 服务叉勺(Service Spoon and Fork)。
7. 餐盘(Side Plate for Used Cutlery)。
8. 服务托盘(Service Tray)。

想一想

本任务所列的制作前菜的餐具和用具的具体用途是什么?

活动

一、餐用具准备

请在5分钟内确认前菜制作所需的服务用具已准备齐全。参考表3-1-1,填写你所需服务用具的数量,并根据前面任务所学有关"餐具准备工作要求"的内容,注明安全及卫生检查事项。

表3-1-1 前菜制作工具准备单(Preparation for Making Starter)

工具名称	数量	安全及卫生检查事项
前菜盘(Service Plate)		
大玻璃碗(Big Glass Bowl)		
小碗或小盘子(Small Bowl or Plate)		
调味料勺(Spoon for Ingredients)		
前菜刀叉(Starter Fork and Knife)		

(续表)

工具名称	数量	安全及卫生检查事项
服务叉勺（Service Spoon and Fork）		
餐盘（Side Plate for Used Cutlery）		
服务托盘（Service Tray）		

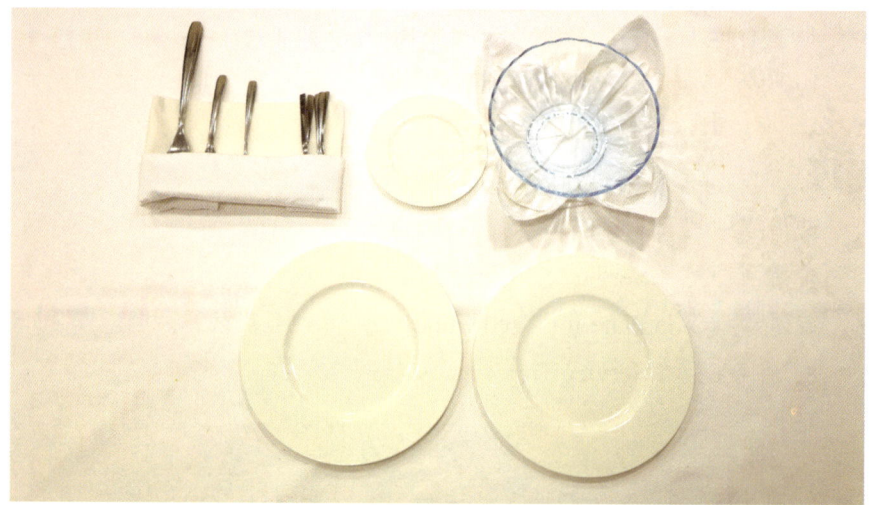

图 3-1-2　前菜制作工具准备
Mise en Place for Starter

二、原料展示

查一查

制作凯撒沙拉的原料有哪些？

准备工作做好后，到厨房拿取制作凯撒沙拉的所有原料。原料拿来后先走到客人餐桌前，微微向前弯腰，将托盘托举到客人能看到菜肴的角度，并面带微笑向客人逐一介绍原料。介绍凯撒沙拉时可以从菜肴的名称、来源、食材和口感等方面展开。

原料
罗马生菜、面包丁、培根、黄芥末、盐、胡椒、油、盐干酪、柠檬汁、白醋、白葡萄酒

图 3-1-3　凯撒沙拉的原料
Ingredients for Caesar Salad

> **卫生提示**
> 1. 介绍菜品时应佩戴口罩。
> 2. 避免手指触碰食物。

三、前菜制作

向客人介绍原料后,回到工作台开始制作凯撒沙拉。

① 加入原料	② 加入调料
先在洗净的生菜里加入一些芥末酱	加入油、盐、胡椒、干酪,根据客人口味还可以加入柠檬汁、白醋、白葡萄酒

③ 充分搅拌	④ 装饰装盘
整理并充分搅拌	用烤过的面包丁和培根进行装饰

图 3-1-4 制作凯撒沙拉
Making Caesar Salad

练一练

尝试制作一款凯撒沙拉。

> **服务提示**
> 1. 要让客人看到并能参与整个前菜制作的过程。
> 2. 物品准备要齐全,避免在制作过程中发现缺少某种物品。
> 3. 制作过程须全程注意操作卫生。

餐厅服务

写一写

还有哪些前菜可以采用旁桌式服务？

四、前菜服务

服务前菜前，先检查客人的餐具是否备齐，从客人的右侧为客人上菜。

图 3-1-5　前菜服务
Serving Starter

> **卫生提示**
>
> 前菜服务结束后及时清洁、整理工作台面，为下一道菜的服务做好准备。

根据今天所学，可以将前菜制作的主要工作内容和要求整理成以下表格，请按照下列工作要求进行学习评价。

表 3-1-2　前菜制作评价表（Making Starter）

准备工作	是 / 否
能说出前菜制作所需的原料和调料	
能根据所制作的前菜准备服务用具、用品	
能根据选择的工具准备工作台和各个功能区	
原料展示	是 / 否
能面带微笑地向客人介绍菜品的来源和特点	
能介绍所有原料、调料的名称和比重	

82

(续表)

前菜制作	是/否
能熟练制作前菜需要的酱汁	
能熟练制作前菜并合理装盘装饰	
摆盘时能注意颜色搭配，盘子边缘没有多余汤汁	
制作过程中能与客人保持互动和有效沟通	
制作过程中能始终保持良好的仪容仪态	
前菜服务	是/否
能用合适的方式服务前菜	
能清洁整理工作台面，做好下一道菜的服务准备	
能关注客人的用餐情况并及时满足客人的需求	

 拓展学习

鞑靼牛肉

鞑靼牛肉（Beef Tartare）是将切碎的生牛肉搭配生鸡蛋黄以及各种调味料（如橄榄油、胡椒粉、洋葱末、葱花末、芹菜末、西红柿丁、茴香、迷迭香碎）做成的一道生食料理。它集血腥、生猛和鲜美为一身。

这道菜在20世纪初就风靡法国，刚出现时其实不被大众接受，人们认为它太过重口味，但随着人们猎奇心理的加深，越来越多的人开始尝试这一美食，最后发现它的味道与平日里所吃的所有美食都不同，不仅能体验到牛肉的鲜美，还能感受到沙拉一般的体验，久而久之这道菜便在法国风靡开来。

制作这道菜的牛肉一般选用里脊肉——filet（法）/ tenderloin（英）和腼腹肉——hampe（靠近大腿内侧的腹部肉）+onglet（腼柱肌肉），因为这些部位的肉都足够鲜嫩，里脊肉香味清淡，腼腹肉滋味丰富。

查一查

查一查Tartare这种菜肴的含义。

餐厅服务

说一说

试着说出牛各部位肉的名称和食用方法。

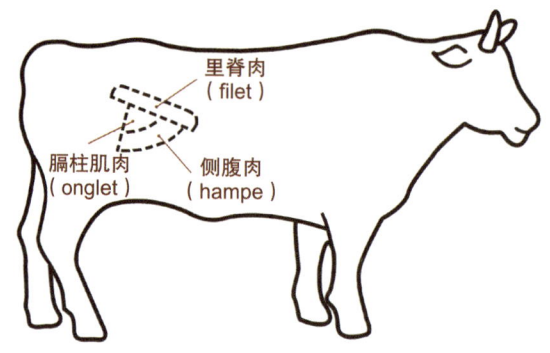

图 3-1-6　制作鞑靼的牛肉部位
Cuts for Beef Tartare

法国有一种优质牛——夏若莱牛（Charolaise），它的肉脂肪细腻，鲜嫩多汁，有咀嚼感，散发着草本植物和动物的香气。鞑靼牛肉是最能体现夏若莱牛肉美味的菜肴，餐厅如果是用夏若莱牛肉制作鞑靼牛肉，一般都会在菜单上注明，以彰显食材的品质。

其实不只生牛肉可以做成鞑靼，其他生鲜食材切成丁也可以制作，比如生三文鱼、生扇贝肉、生金枪鱼。如果将生肉切成薄片，那就是意大利的 Carpaccio，意大利的生牛肉片（Beef Carpaccio）也是非常出名的一道料理。同样，除了牛肉外，三文鱼、金枪鱼、鹿肉也都可以制作成 Carpaccio。

试一试

尝试制作鞑靼牛肉。

表 3-1-3　鞑靼牛肉制作（Making Beef Tartare）

配方	方法	成品
• 8 盎司牛里脊（无脂肪和软骨）； • 1 勺切碎的葱； • 1 勺芹菜末； • 4 勺辣酱油； • 1 勺新鲜柠檬汁； • 1 个鸡蛋黄； • 2 大勺芥末； • 1 勺切碎的酸黄瓜； • 海盐和充分研磨的胡椒粒； • 浅烘的面包丁粒、黄油和酸黄瓜	（1）把牛肉放在小盘子里，冷冻约 20 分钟，直到略硬。把冷冻牛肉切成 1/4 英寸一条，放进小碗里，加入葱、酸豆、欧芹、辣酱油、柠檬汁，并用薄盐和胡椒调味。 （2）将芥末蔓酱倒在一个冰镇过的盘子上，然后将牛肉鞑靼放在盘子中间并稍做聚集，上面加上蛋黄。用盐和胡椒调味，最后配以烤面包、黄油、酸黄瓜和欧芹枝	鞑靼牛肉 Beef Tartare

思考与练习

一、思考题

1. 在提供凯撒沙拉桌边服务时如何与客人互动？
2. 请查阅资料，了解更多可以为客人展示操作的前菜菜肴。

查一查

查询资料，了解更多沙拉的制作方法。

二、技能训练题

今天餐厅来了 4 位客人，点的前菜是凯撒鸡肉沙拉（Caesar Salad with Chicken Breast），请用旁桌式服务为这 4 位客人制作前菜，并为客人提供上菜服务。然后参照世赛评分标准进行学习评价。

表 3-1-4　前菜制作世赛评分表（Marking Scheme for Starter Making）

自评价标准 Sub Criteria	项目类型 Aspect Type	描述 Description	分值 Score	描述 Description
前菜制作 Starter Making	测量 M	两盘分量一致 Equal portion size	是 / 否 Yes / No	
	测量 M	盘子干净 Clean plate	是 / 否 Yes / No	
	测量 M	选料和制作方法正确 Correct ingredients and making method	是 / 否 Yes / No	
	测量 M	口感平衡 Taste balance	是 / 否 Yes / No	
	测量 M	左侧上菜 Providing from left	是 / 否 Yes / No	
	判断 J	准备工作 Mise en place/preparation	0	准备工作不充分、不卫生，最终呈现效果差，没达到可接受的标准 Unprepared/wrong equipment for preparation, poor technique, poor hygiene, poor final presentation, does not reach acceptable standard

（续表）

自评价标准 Sub Criteria	项目类型 Aspect Type	描述 Description	分值 Score	描述 Description
			1	有必要的准备工作，动作连贯，有一定的损耗，符合行业标准 Has required mise en place, technique consistent, some wastage, consistent with industry standard
			2	准备工作良好，动作连贯，有一些浪费，卫生良好，有创意，最终呈现效果好 Well prepared/organized gueridon, technique consistent, some wastage, good hygiene, some creativity, good final presentation
			3	准备工作充分，制作技能娴熟，分配均匀，有创意，最终呈现效果优秀 Very well prepared/organised gueridon, excellent skills with even portions, flare and creativity, excellent final presentation

任务 2　主菜分派

学习目标

1. 能根据要服务的主菜类别，准备需要的服务用具和用品。
2. 能根据主菜不同的食材特点，使用正确的分切技术进行菜肴分割，并将主菜和配菜合理装盘呈现。
3. 能用银盘式服务和旁桌式服务分派主菜和酱汁。
4. 能在服务过程中与客人保持良好的沟通。
5. 能在主菜分派服务过程中，严格遵守安全卫生条例，按照餐厅服务规格采用相应的对客服务方式，为客人提供优雅精致的服务。

情景任务

海纳餐厅接到进博会重要客户宴请的预订。根据点单，晚餐主菜有一份烤大牛排（Chateaubriand）和一份嫩羊排（Agneau, artichauts, citron）。作为今晚的值台服务员，请你分别运用银盘式服务和旁桌式服务完成主菜服务。

想一想

整型菜肴和分切装盘的菜肴有什么区别？对服务工作的要求有什么不同？

思路与方法

一、工作人员（WHO）

值台服务员。服务内容包括传菜服务、菜肴现场加工服务和桌边菜肴分派服务。

二、工作区域（WHERE）

工作边台和客人桌边。工作边台区域包括为餐具和菜肴加热的设备区，菜肴加工分切操作区和餐具用具置放区；客人桌边指服务菜肴时的工作站位区域和行走区域。

三、工作内容（WHAT）

1. 工作准备。在工作边台上准备好菜肴分切的工具、餐具、服务用具及其他用品。整齐摆放相关物品，检查电气设备是否安全。

2. 展示菜肴。在保证菜肴温度和卫生的前提下，为客人展示菜肴并介绍菜肴的特点，同时简要说明菜肴分切或派送的服务内容。

3. 分切菜肴及装盘。当菜肴采用旁桌式服务时，在客人面前切割、分派菜肴并合理装盘。注意刀具使用安全和菜肴摆放卫生。服务过程中保持与客人的有效互动。

4. 服务分派菜肴。依次服务每位客人的主菜和酱汁，服务过程中注意卫生、安全和服务礼仪。

四、工作原理（WHY）

餐厅的类型决定了对客服务的规格，奢华餐厅（Fine-dining Restaurant）从环境布置到菜肴制作再到对客服务，都为客人提供了更高端、更周到的用餐服务体验。客人在法式餐厅就餐会有1—2位或更多服务员全程服务。同时，每道菜肴都会在客人面前进行加热和调味，或是分切派送。在服务过程中注重服务程序和礼节礼貌，注重服务表演，注重吸引客人的注意力，力求充分照顾到每位客人，展现豪华、细致和周到的服务。

银盘式服务（Silver Service）：服务员手托大菜盘为客人提供菜肴展示和分菜服务，包括展示菜肴、分派菜肴、服务酱汁。旁桌式服务（Guéridon-Service/Side-table Service）：值台服务员将现场料理或分切的菜肴，分别盛入每位客人的主菜盘内，然后端送给客人，包括展示菜肴、加热菜肴、分切主菜并装盘、服务菜肴和酱汁。

厨师对菜肴的呈现很大程度上影响着服务方式的选择。烤大牛排（Chateaubriand）是一道经典的法式菜肴。这道菜选用的是一块重约300到500克的牛里脊，或是牛腰部最嫩的一块肉，几乎没有脂肪，通常能服务两到三位客人。这道菜一般会比其他牛排的烹制时间短。为了保证肉质的鲜美和温度适宜，在这道菜肴的服务过程中，要求服务员预先加热主菜盘和主菜，用最娴熟的技巧和最短的时间分割牛排并装盘，搭配配菜后服务到客人面前，再把用龙舌兰调味的牛肉汁浇在切割后的肉质表面。由此可见，旁桌式服务能最大限度地展现这道菜肴的品质。

忆一忆

银盘式服务的用途有哪些，适用场合又有哪些？

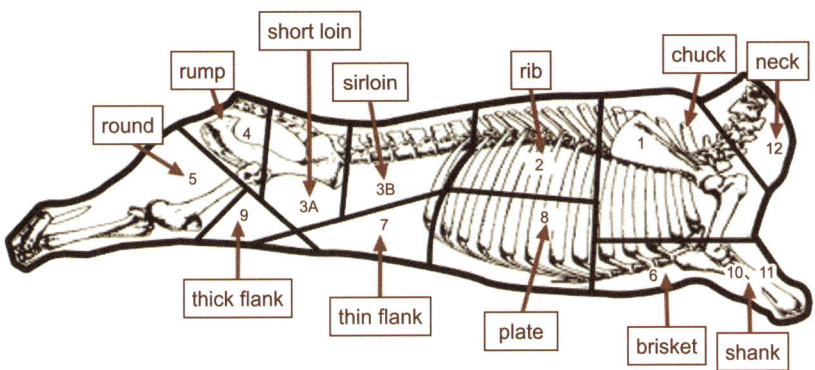

1. 上脑 (chuck)
2. 肋骨部 (rib)
3A. 短脊部 (short loin)
3B. 腰脊部 (sirloin)
4. 米龙 (rump)
5. 后臀部 (round)
6. 胸口 (brisket)
7. 牛腩 (thin flank)
8. 硬肋 (plate)，又称短肋 (short plate)
9. 腰窝 (thick flank)
10、11. 牛腱子 (shank)
12. 颈肉 (neck / sticking piece)

图 3-2-1　牛肉分档图
Cuts of Beef

查一查

牛肉不同部位的分档依据是什么？分档后的不同部位与选用的烹饪方法有什么关系？

嫩羊排在烹饪过程中是分切后料理，为保证嫩羊肉的品质，非常讲究烹饪火候和食用时间。服务时，要求用最快的速度把热羊排分派到热餐盘中，同时注意配菜摆盘，辅以酱汁。因此，银盘式服务非常适合这类菜肴的对客服务。

菜肴的特点又决定了对客服务过程中的服务要求。由于这两道菜肴在温度和品相上的高标准，要求服务员：用更快的速度运送菜肴和分派菜肴，以保证食用的最佳口感；用娴熟的技巧一次到位分切菜肴且能最大限度地保证菜肴的原有特色；用周到顺畅的对客交流传递饮食文化和地域文化；用得体的服务礼仪和安全卫生规范保证用餐过程的奢华享受。

根据客人的点单内容，针对主菜选择银盘式服务和旁桌式服务，以体现对客服务的豪华规格。通过安全卫生的服务细节的完美呈现，诠释厨师倾注在菜肴中的对烹饪艺术的匠心，传播国际饮食文化，展示高端服务礼仪，为客人营造高雅的就餐氛围，让客人拥有良好的就餐体验。

写一写

服务用具准备的卫生要求有哪些？服务过程中又要注意哪些卫生要求？

图 3-2-2　银盘式服务
Silver Service

图 3-2-3　旁桌式服务
Guéridon-Service

五、工作方法（HOW）

1. 在客人享用前菜期间，准备好主菜服务的餐盘和配套餐具、服务用具和加热炉具，摆放在工作边台备用。服务用具主要用于餐盘和食物的加热、主食材的分切和菜肴分派、食材骨头及垃圾的置放，因此服务用具的使用更多依据服务习惯，同时兼顾卫生和节约的原则。
2. 加热餐盘，在工作巾上合理摆放需要提供的配套餐具和服务用具。
3. 到备餐间取菜肴，与厨师沟通菜肴的特点及注意事项。
4. 展示菜肴并介绍菜肴的特点及厨师的烹饪理念。
5. 对已切割装盘完成的菜肴，以银盘式服务的方式为客人分派菜肴，并服务酱汁。
6. 将完整形态的需要加工切割装盘的菜肴放置在工作边台区域的加热炉具上加热。
7. 到备餐间取菜肴加工用具，牢记工具使用安全注意事项。
8. 在工作边台的加工分切区域面向客人展示菜肴分切过程，并与客人保持适当沟通。
9. 装盘过程确保主菜与配菜合理布放和分配。
10. 在客人桌边的站位区域派送菜肴和服务酱汁。

六、工作工具（WITH）

1. 餐盘加热设备（Hotplate Warmer）。
2. 菜肴加热炉具（Food Warmer）。
3. 主菜盘（Joint Plate）。
4. 主菜刀叉（Joint or Side Knife and Fork）。
5. 服务叉勺（Service Spoon and Fork）。
6. 切割刀（Carving Knife）。
7. 砧板（Cutting Board）。
8. 服务托盘（Service Tray）。
9. 银托盘（Service Salver）。
10. 餐盘（Side Plate for Used Cutlery）。
11. 服务巾（Service Napkin）。

> **想一想**
>
> 服务用具的数量与哪些因素有关？

| 加热炉具 | 砧板和切割刀 | 服务叉勺 |

图 3-2-4　工作工具
Working Equipment

 **活动**

根据厨房的反馈,烤大牛排15分钟可以出餐,嫩羊排10分钟可以出餐。请按照每位客人的点单分别提供主菜服务。

忆一忆

服务过程中为什么要与厨师沟通?

一、餐用具准备

请在5分钟内确认主菜服务用具已经准备齐全。参考表3-2-1填写所需服务用具的数量,并根据前面任务所学有关"餐具准备工作要求"的内容,注明安全及卫生检查事项。

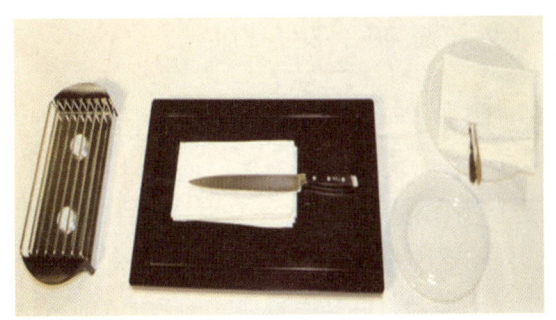

图3-2-5 切割工具准备
Carving Tools for Chateaubriand

安全提示

1. 手持刀柄,刀尖朝前,刀刃朝下。
2. 刀具在砧板上使用,不持刀走来走去。
3. 禁止刀尖朝向自己或他人。
4. 禁止刀刃朝上进行操作。
5. 禁止使用切割刀进行剁、扎等动作。

表3-2-1 主菜分派工具准备单(Preparation for Cutting Meat)

工具名称	数量	安全及卫生检查事项
餐盘加热设备(Hotplate Warmer)		
菜肴加热炉具(Food Warmer)		
主菜盘(Joint Plate)		
主菜刀叉(Joint or Side Knife and Fork)		
服务叉勺(Service Spoon and Fork)		
切割刀(Carving Knife)		

（续表）

工具名称	数量	安全及卫生检查事项
砧板（Cutting Board）		
服务托盘（Service Tray）		
银托盘（Service Salver）		
餐盘（Side Plate for Used Cutlery）		
服务巾（Service Napkin）		

说一说

展示介绍菜品时应重点介绍哪些内容？为什么？

二、主菜展示

确认服务用具数量和规格都符合需要后，清洁并加热餐盘。到厨房取主菜后，一只手托盘，另一只手取掉保温盖，微微向前弯腰，保持客人能看到菜肴的角度，展示并介绍主菜。

图 3-2-6　主菜展示
Main Course Presentation

三、银盘式服务

为客人布放加热过的主菜盘后，站在客人左侧为客人分派主菜（嫩羊排），以先主食材后辅食材的顺序分别为每位客人派送全部食材，最后派送酱汁。服务过程中，要随时关注客人需求，与客人保持良好沟通。

服务热餐盘	服务肉类和配菜	服务酱汁
出于卫生要求，同时为防止烫伤，需要用服务巾包住餐盘边缘，从右侧为客人服务热餐盘	出于安全考虑，左手持服务巾垫在热的大菜盘下，站在客人左侧用右手布放肉类、配菜和蔬菜。将大菜盘贴近主菜盘，防止汤汁洒溅，保持餐盘整洁。逆时针方向行进	无论酱汁是冷还是热，都通常洒在肉类的左边或上方，服务过程中不要溅洒汤汁。根据客人需要确定酱汁的量

图 3-2-7　银盘式服务主菜
Silver Service

卫生提示

1. 熟练使用服务巾，禁止在服务过程中用手触碰干净餐具。
2. 熟练使用服务叉勺，禁止在服务过程中用手触碰食物。

礼仪提示

1. 始终朝向客人，面带微笑，礼貌示意。
2. 控制动作幅度，与客人保持适当距离。
3. 注意客人的就餐进度，不打扰客人的就餐和谈话。
4. 男女同坐，女士优先。

四、分切大牛排

向客人呈现大牛排后回到工作边台，将大牛排从银盘中整个拿到砧板上。左手用服务叉按住大牛排，右手持刀，用刀刃中前部均匀用力切分牛排。每块大牛排顺着一个小角度切块，每块大约1—2厘米厚。将切好的牛排摆放到热的主菜盘中，然后根据实际提供的配菜（Side Dish）进行装饰，完成摆盘。摆盘时要注意颜色与高低的搭配，让整个菜品的呈现吸引人。在展示操作的过程中，动作熟练，朝向客人，面带微笑，一边操作一边介绍菜肴，与客人保持良好沟通。

> **说一说**
>
> 分派牛排时，切分不均匀的原因有哪些？

餐厅服务

试一试

尝试使用刀叉配合进行菜肴或水果分切。要求在不用手触碰食物的情况下，一次完成分切，并使食物切口整齐。

分切大牛排	整理牛排	摆盘成型
配合使用服务叉和切割刀分切大牛排，注意用力平稳，切割的大小和薄厚要均匀	全部分切完成后按原样摆好，防止水分流失	肉类食材、配菜和蔬菜要合理摆放，呈现美观。将酱汁淋洒在肉类一侧的边缘

图 3-2-8　分切大牛排
Cutting Chateaubriand

卫生提示

熟练配合使用服务叉和刀具，禁止在分切过程中用手触碰食物和干净餐具。

安全提示

合理将服务巾垫在手掌手指和大菜盘之间，防止烫伤。

摆盘方式有很多种，通常肉类占据盘内一侧，配菜和蔬菜在另一侧。

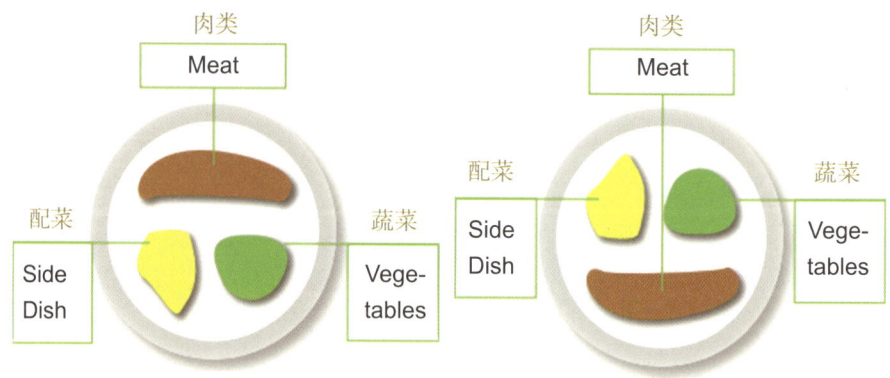

图 3-2-9　摆盘方式
Plate Presentation

卫生提示

菜肴分切结束后，要清理砧板、工作用具和工作区域，注意垃圾分类。

> **安全提示**
> 切割刀具清理干净平放在砧板上，服务刀叉清理干净放回餐具袋。

五、桌边服务

上主菜前，快速清理台面上用过的脏餐具，从右侧依次为客人上菜。如果客人保留用过的餐盘，参考前面任务所学"撤换餐具"的内容，为客人单独替换餐盘，始终保持不用后背朝向客人。

想一想

如何确保客人在享用分切装盘后的菜品时，菜肴温度依然适宜？

图 3-2-10 桌边服务
Serving the Dish at the Table

根据今天所学，可以将主菜分派的主要工作内容和要求整理成以下表格，请按照下列工作要求进行学习评价。

表 3-2-2 主菜分派评价表（Cutting Food）

准备工作	是/否
能说出主菜服务的主要食材种类	
能根据食材种类准确选择服务工具	
能根据选择的工具准备工作台和各个功能区	

（续表）

菜肴分切及分派服务	是/否
能优雅大方地向客人展示并介绍食材	
能运用技巧将食材安全卫生地移动到砧板上	
能根据食材的不同安全使用合适的切割技术	
在切割食材的过程中，能合理避免破坏食材品相的操作	
在切割食材的过程中，能利用技巧避免浪费	
能根据提供的配菜进行创意摆盘	
摆盘时能合理利用技巧避免汤汁滴洒	
在整个桌边服务过程中，能有效保持与客人的言语交流或眼神交流	

对客服务	是/否
在用餐服务时，能根据用餐形式的不同，选择恰当的服务形式	
熟悉菜单，能用中英文为客人解答疑问	
在整个服务过程中，能保持优雅的姿态，自信地为客人服务	
在整个服务过程中，能关注细节，及时解决问题	

议一议

主菜切割后的不同部位如何分配给不同客人？

 拓展学习

烤鸡去骨及摆盘

除了学习过的大牛排和羊肉以外，西餐服务中还会遇到其他很多可以进行旁桌式服务的食材。以下主菜食材在上菜时，如果是整只或大块呈现，就需要服务员为客人展示完整的菜肴后，在客人面前完成主食材的切割分配并装盘，然后将菜品派送到每位客人面前。

表 3-2-3　需要切割装盘的主要食材（Food for Cutting）

肉类（Meat）	・羊排（lamb rack）； ・西冷牛排（sirloin steak）； ・大牛排（chateaubriand）； ・惠灵顿牛排（beef Wellington）
禽类（Poultry）	・鸡（chicken）； ・鸭（duck）
鱼类（Fish）	・烟熏三文鱼（smoked salmon）； ・三文鱼排（salmon steak）； ・鳟鱼（trout）； ・比目鱼（sole）

不同主菜由于自身的特点不同，分切方法也会有不同。肉类的切割可以参考大牛排的分切方式，而禽类食材整只呈现时，通常需要去骨后再分切。下面以烤鸡为例，呈现禽类食材该如何进行去骨分派。

对于一只完整的鸡，在去骨的过程中，首先要熟悉鸡的骨骼分布，也就是说对禽类的去骨需要掌握一些解剖学知识。

> **试一试**
>
> 试着分切三文鱼，感受鱼类食材的肉质特点，思考分切方法。

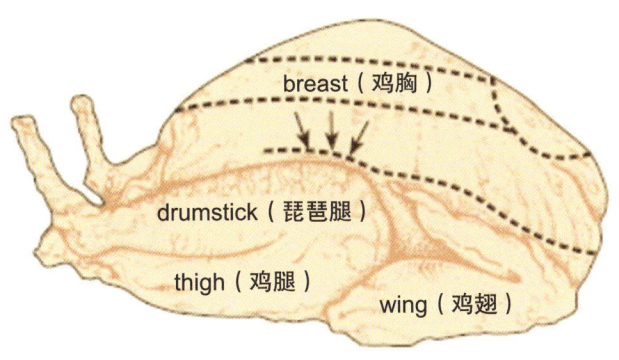

图 3-2-11　鸡肉分档
Parts of Chicken

工作提示

在鸡肉去骨的过程中，注意刀叉的使用方式，不要破坏鸡肉的美观。

餐厅服务

表 3-2-4　鸡肉切割流程（Cutting Chicken）

1	再次确认餐前准备就绪
2	向客人展示食材
3	用服务叉勺将烤鸡从银盘挪动到砧板，切记要将汁水控尽
4	用刀尖将鸡腿周围的皮切开后用服务叉固定，沿关节处切下鸡腿
5	沿关节将鸡腿一分为二后，将鸡腿摆回银盘
6	用服务叉固定鸡骨架，将鸡胸肉连着鸡翅切下
7	将鸡翅和鸡胸分开，鸡翅可以连着一点鸡胸肉
8	将鸡翻身，用服务勺将鸡腰上的两块腰眼肉挖出来
9	将切好的鸡翅、鸡胸重新摆回银盘
10	装盘时，每一份均搭配白肉和红肉，如鸡腿和鸡胸搭配

摆盘时，由于有鸡翅和鸡腿，会有高低错落，可以利用这个特点结合配菜设计摆盘。

画一画

如何让烤鸡摆盘更有吸引力？请在下图中绘制摆盘，并注明配菜及颜色。

工作提示

1. 对烤鸡或烤鸭类食材的去骨，将食材拿到砧板上之前，切记要先将食材内的汁水倒出来，否则会影响后续操作。

2. 三文鱼排或蒸海鲈鱼去骨时，注意要直接在加热板上进行去皮和去骨操作，然后再进行摆盘，以防食材冷却。

3. 切割有骨头的食材时，还需要有用来放垃圾的盘子和做遮挡的服务巾。垃圾盘可以根据食材选择平盘或深盘。

一、思考题

1. 四人位一桌的客人，点了一份烤鸭和一条煎鱼，如果需要为客人提供桌边服务，请问需要准备哪些服务工具？在为客人进行菜肴分切及剔骨的过程中，你会和客人沟通哪些内容？

2. 餐厅菜肴采用什么服务方式是由谁决定的？有哪些因素会影响服务方式的选择？

二、技能训练题

假如今天四人位一桌的客人点单的主菜是惠灵顿牛排（Beef Wellington），配菜是土豆泥、四季豆、红辣椒、黄辣椒和西蓝花。请你用旁桌式服务的方式为客人提供主菜切分及派送服务。动手试一试，并写下操作步骤和注意事项。

Step 1
- 操作步骤：
- 注意事项：

Step 2
- 操作步骤：
- 注意事项：

Step 3
- 操作步骤：
- 注意事项：

Step 4
- 操作步骤：
- 注意事项：

Step 5
- 操作步骤：
- 注意事项：

试一试

尝试各类主菜食材的切割服务。

任务3　甜品制作

学习目标

1. 能根据要制作的甜品准备好服务用品和用具。
2. 能根据要制作的甜品准备好所有的原料和配料。
3. 能熟练地制作火焰类甜品并注意操作安全。
4. 能使用正确的手法进行甜品装饰和装盘。
5. 能在甜品制作过程中，按照餐厅的要求为客人提供规范的服务，同时严格遵守餐厅的安全卫生条例。

情景任务

查一查

火焰甜品的名称是怎么来的？

海纳餐厅正在接待进博会展览部的重要贵宾。根据点单，服务员要为客人制作餐厅的招牌甜品——火焰橙味法式薄饼（Crêpes Flambés / Crêpes Suzette）。作为今晚的服务员，请你按照餐厅的服务标准和服务要求为客人提供现场制作甜品的服务。

思路与方法

一、工作人员（WHO）

有经验的餐厅服务员或餐厅主管级别以上人员。

二、工作区域（WHERE）

工作边台和客人桌边。工作边台区域包括甜品制作区和餐具用具置放区，客人桌边指服务甜品时的工作站位区域和行走区域。

三、工作内容（WHAT）

1. 工作准备。按要求准备工作台和工作用具，到厨房拿取制作原料。

2. 展示原料。将制作原料展示给客人并进行介绍，询问客人的口味偏好。

3. 制作甜品。现场制作甜品并针对主要制作环节进行讲解介绍，与客人保持互动。

4. 服务甜品。将制作好的甜品装盘，分派给每位客人。

四、工作原理（WHY）

餐厅的类型决定了对客服务的方式。在高档餐厅会更加注重提升客人的就餐感受。在服务过程中注重服务程序和服务礼仪，注重服务表演，注重吸引客人的注意力。客人在餐厅用餐不仅可以被美食惊艳味蕾，同时也能享受参与度极高、体验感十足的用餐过程。极具观赏性的火焰类甜品经常会作为高档餐厅的客前服务表演内容。

Flambé 是一个法语单词，原意是火焰，在菜名里出现这个词意味着这道菜中有酒或是加了酒会"燃火"或"被燃火烧过"。餐厅里之所以这样做是为了营造一种体验感十足的用餐效果，同时在不添加酒精的情况下为食物增加浓郁的甜酒风味，从而给客人留下深刻的印象。火焰类菜肴通常需要服务员把准备好的、新鲜的、形状完美的食材盛放在造型别致的器皿里，然后在客人的餐桌边烹饪制作，且能根据客人的意愿进行制作服务。这与传统的在厨房准备食材不同，所有的准备工作都是当着客人的面进行的，餐厅需要付出更多的人力和物力，对餐厅来说是更大的挑战。服务员不仅需要熟练地介绍所有原料和配料，而且需要对整个制作过程和菜肴的风味口感也非常熟悉。这也从另一个角度彰显了餐厅的服务水准和品质。

火焰橙味法式薄饼（Crêpes Flambé / Crêpes Suzette）是最著名的法式甜品之一，它早在 20 世纪初的巴黎优雅餐厅中就已名声大噪，成为经典的法式甜品。火焰橙味法式薄饼通常是将黄油、糖、橙汁和法国香橙干邑甜酒的混合物烧成美味的糖浆，然后用糖浆给新鲜温热的薄饼调味。在最后一刻倒入白兰地（Cognac），点燃后蓝色的火焰就会在薄饼上燃起，甜香四溢，仪式感十足。

由于火焰类菜肴需要在客前进行烹饪操作，所以用具安全和防火安全尤为重要。除了严格的工作规范和流程外，也要时刻保持警惕并能果断采取安全措施进行意外情况处理。

> **说一说**
>
> 说出你了解的甜品种类，并简要介绍你熟悉的甜品的特点。

五、工作方法（HOW）

1. 餐用具主要涉及原料和调味料的盛放、拿取，甜品烧制过程中的翻动，制作后的装盘装饰。餐用具的准备一般须遵循餐厅的标准化操作流程 LSOP（Local Standard Operation Procedure），但也可以根据服务员的操作习惯适当调整。准备好工作台或火焰车，并把制作火焰甜品的用品用具按要求摆放备用。

2. 到备餐间拿取制作火焰甜品所需的原料。

3. 向客人展示所有的原料并进行介绍。

4. 制作火焰甜品并详细介绍制作过程，注重服务表演。

5. 加入烈性酒点火前告知客人，并尽可能让客人参与这一过程。

6. 严格按照餐厅的操作流程制作甜品，须特别注意用火安全。

7. 合理装盘装饰，注重颜色搭配和操作卫生。

8. 为客人服务火焰甜品。

六、工作工具（WITH）

1. 平底锅（Flambé Pan）。
2. 火焰灯或火焰车（Flambé Lamp / Trolley）。
3. 服务叉和勺（Spoon and Fork Servers）。
4. 调味料碗（Bowl for Ingredients）。
5. 调味料勺（Spoon for Ingredients）。
6. 玻璃杯（Glasses for Spirits）。
7. 甜品盘（Serving Plate）。
8. 餐盘（Side Plate for Used Cutlery）。
9. 服务巾（Service Napkin）。
10. 服务托盘（Service Tray）。

> **想一想**
>
> 制作火焰橙味法式薄饼的工具各有什么作用？

 活动

客人已经在享用主菜，下一道菜肴就是今天的餐厅特色甜品——火焰橙味法式薄饼，请按照餐厅的服务标准和要求提供甜品制作服务。

一、餐用具准备

请在 5 分钟内确认甜品制作所需的服务用具已准备齐全。参考表 3-3-1 填写所需服务用具的数量，并根据前面任务所学有关"餐具准备

工作要求"的内容,注明安全及卫生检查事项。

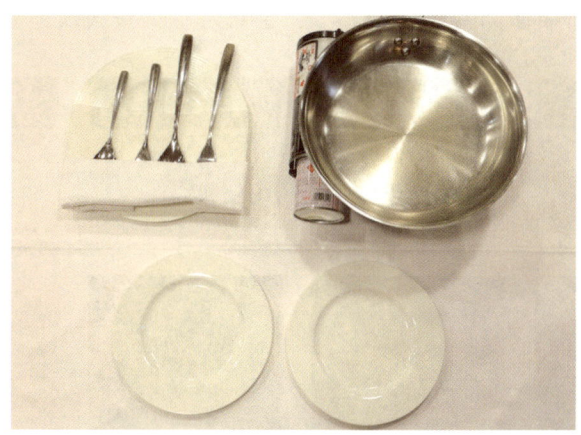

图 3-3-1 火焰橙味法式薄饼的工具准备
Serving Tools for Crêpes Flambé

表 3-3-1 火焰甜品制作工具准备单（Preparation for Making Flambé）

工具名称	数量	安全及卫生检查事项
平底锅（Flambé Pan）		
火焰灯或火焰车（Flambé Lamp/Trolley）		
服务叉和勺（Spoon and Fork Servers）		
调味料碗（Bowl for Ingredients）		
调味料勺（Spoon for Ingredients）		
玻璃杯（Glasses for Spirits）		
甜品盘（Serving Plate）		
餐盘（Side Plate for Used Cutlery）		
服务巾（Service Napkin）		
服务托盘（Service Tray）		

二、原料展示

准备工作做好后,到厨房拿取制作火焰橙味法式薄饼所需的原料。原料拿到后,走到客人餐桌前,微微向前弯腰,将托盘托举到客人能看到的角度,面带微笑向客人逐一介绍原料。

图 3-3-2 火焰橙味法式薄饼的原料
Ingredients for Crêpes Flambé

想一想

火焰甜品产生火焰的原理是什么?

三、制作甜品

向客人介绍原料后,回到工作边台开始制作法式火焰橙味薄饰。

练一练

尝试制作火焰薄饰。

① 加入白糖	② 加入黄油	③ 充分融合	④ 倒入橙汁
在热的平底锅里加入白砂糖,加热让糖焦化	当白砂糖变成棕色时加入黄油	用柠檬混合糖和黄油	加入橙汁

⑤ 再次融合	⑥ 加入薄饼	⑦ 加入橙味利口酒	⑧ 倒入烈酒
用柠檬搅拌所有的酱汁,直到糖全部融化	加入热的薄饼,并将薄饼两次对折成四分之一圆	加入橙味利口酒,将酱汁烧至黏稠	加入干邑白兰地,并持续加热。注意不要将酒从酒瓶里直接倒入锅中,太多液体会阻止酒精燃烧

⑨ 引火烹制	⑩ 装盘装饰
将平底锅往后拿,让火苗能直接窜进锅里。晃动平底锅,注意不要接触锅的边缘。使火苗持续燃烧,直到酒精全部挥发	将薄饼放在甜品盘中,根据菜单或客人喜好还可以加上香草冰淇淋

图 3-3-3 制作火焰薄饼
Flambeing of Crêpes Suzette

> **安全提示**
> 1. 须确保周围没有易燃物。
> 2. 须确保屋顶足够高。
> 3. 在点火前要询问客人的意见。

四、服务甜品

服务甜品前，先为客人服务食用甜品所需的餐具，清洁整理桌面，从客人右侧服务甜品。

 总结评价

根据今天所学，可以将甜品制作的主要工作内容和要求整理成以下表格，请按照下列工作要求进行学习评价。

表3-3-2 甜品制作评价表（Making Flambé）

准备工作	是/否
能说出甜品制作所需的原料和调料	
能根据所制作的甜品，准备服务用具、用品，并准备工作台	
原料展示	**是/否**
能面带微笑地向客人介绍甜品的来源和特点	
能介绍所有原料与调料的名称和比重	
能简要讲述制作过程和制作方法	
甜品制作	**是/否**
能熟练地调制甜品需要的酱汁	
能熟练地制作甜品并合理装盘装饰	
摆盘时注意颜色搭配，盘子边缘没有多余汤汁	
制作过程中能与客人保持互动和有效沟通	
制作过程中始终保持良好的仪容仪态	
制作过程中有安全意识，遵循良好的操作规范	

议一议

如何在为客人提供优质甜品制作服务的同时与客人保持有效沟通？

（续表）

甜品服务	是/否
能用合适的服务方式服务甜品	
能清洁整理工作台面，时刻保持工作台和客人餐台的整洁	
能关注客人的用餐情况，并及时满足客人的需求	

拓展学习

火焰菠萝

制作火焰类菜肴通常有两种方法。一种是先加工食材原料点火，加工好后把食材放在保温盘里，然后再烧制酱汁。这种方法适用于肉类菜肴。另一种是先烧制酱汁，然后把食材加入酱汁中点火。这种方法适用于加工火焰薄饼和火焰水果等。

火焰水果中最特别的当属火焰菠萝（Pineapple Flambé）。菠萝肉质比较紧致，适合做火焰类菜肴。制作时应选择成熟的高品质菠萝，切忌选用罐头水果。下面是2人份的火焰菠萝的制作方法。

查一查

哪些食材适合做成火焰类菜肴？请列举名称并查找相关菜品的图片。

表3-3-3 火焰菠萝制作（Pineapple Flambé）

配方	方法	作品展示
• 2人份的菠萝片； • 半个柠檬； • 2勺糖； • 1小块黄油； • 6勺菠萝汁； • 2勺水果利口酒； • 2勺棕朗姆酒	（1）将糖加入烧热的平底锅中，待变成棕色后加入黄油。用柠檬将糖和黄油进一步融合后加入菠萝汁，不停搅拌直到所有糖都融化。加入水果利口酒增加酱汁的芳香味道。 （2）将菠萝块加入酱汁中，持续加热，直到糖浆的水分减少变黏稠。 （3）加热锅的前半部分，然后加入棕朗姆酒，持续加热。将平底锅往后拿，让火苗能直接窜进锅里。晃动平底锅，注意不要接触锅的边缘。使火苗持续燃烧，直到酒精全部挥发。 （4）将菠萝块装盘，并在上面浇汁，最后装盘装饰	火焰菠萝的原料 Ingredients for Pineapple Flambé 火焰菠萝 Pineapple Flambé

一、思考题

1. 查阅资料，列举更多火焰类甜品的做法，思考这些做法的不同之处。
2. 在火焰类甜品的制作中，酒水的作用是什么？

试一试

尝试制作更多火焰类甜品。

二、技能训练题

两位客人点了一份甜品——火焰香蕉，请你按照餐厅的服务标准和服务要求为客人提供火焰香蕉服务，并参照世赛评分标准进行学习评价。

表 3-3-4　火焰甜品制作世赛评分表（Marking Scheme for Flambé Making）

自评价标准 Sub Criteria	项目类型 Aspect Type	描述 Description	分值 Score	描述 Description
火焰甜品制作 Flambé Making	测量 M	两盘分量一致 Portion size equal	是 / 否 Yes / No	
	测量 M	盘子干净，无滴漏 Plate clean, no drops and work clean	是 / 否 Yes / No	
	测量 M	火苗可见并且高度合理 Flame visible and correct flame height	是 / 否 Yes / No	
	测量 M	味道平衡 Taste blance	是 / 否 Yes / No	
	测量 M	操作符合卫生习惯 Appropriate hygiene practices	是 / 否 Yes / No	
	判断 J	准备工作 Mise en place / preparation / interaction	0	没准备好或错误准备工具，做法不安全，相关知识缺乏，非常差的尝试 Unprepared / wrong equipment for preparation, unsafe practices, a lack of knowledge, very poor attempt

餐厅服务

（续表）

自评价标准 Sub Criteria	项目类型 Aspect Type	描述 Description	分值 Score	描述 Description
			1	有必要的准备工作，有互动，眼神交流少，有一定的任务知识，工作过程安全 Having required mise en place, little interaction / eye contact with experts, average knowledge of task / product, safe working practices
			2	准备充分，有良好的互动和眼神交流，对任务了解充分，有良好的安全工作习惯 Well prepared, good interaction / eye contact, good knowledge of task / product, good safe working practices
			3	准备充分，组织良好，优秀的安全工作实践，良好的互动和眼神交流，对任务有丰富的知识 Very well prepared / organised gueridon, excellent safe working practices, great interaction / eye contact, great knowledge of task / product
	判断 J	最终呈现 / 口感 Final presentation / taste	0	不能食用，呈现差，不能上桌 Inedible, poor presentation, cannot be served
			1	具备一些相关知识，表现一般，可以服务 Showing some knowledge, average presentation, could be served

（续表）

自评价标准 Sub Criteria	项目类型 Aspect Type	描述 Description	分值 Score	描述 Description
			2	最终呈现良好，两盘一致，味道平衡，让人很享受 Good final presentation, very similar plates, taste balance, would be enjoyed
			3	摆盘完全一致，完美的呈现，美丽而均衡的口感，让人很享受 Identical plates, excellent presentation, beautiful well balanced taste, would be enjoyed

餐厅服务

任务 4　芝士服务

 **学习目标**

1. 能说出常见芝士的名称及特点。
2. 能根据芝士的特点选用不同的芝士刀。
3. 能合理切割芝士并制作芝士拼盘。
4. 能为客人提供芝士服务。
5. 能根据不同芝士的特点为客人推荐与之搭配的酒水。

 情景任务

查一查

有哪些种类的芝士可以做成拼盘？

到海纳餐厅就餐的四位客人点了一个芝士拼盘（Cheese Platter）作为今天的最后一道菜。客人从餐厅菜单上提供的十种芝士中挑选了 6 种。作为今晚的服务员，请你按照餐厅的服务标准和服务要求为客人现场提供芝士拼盘制作及服务。

 **思路与方法**

一、工作人员（WHO）

有经验的餐厅服务员或餐厅主管级别以上人员。

二、工作区域（WHERE）

工作边台和客人桌边。工作边台区域包括甜品制作区和餐具用具置放区，客人桌边指服务甜品时的工作站位区域和行走区域。

三、工作内容（WHAT）

1. 工作准备。按要求准备工作边台或工作车，到厨房取芝士。

2. 展示芝士。将制作原料展示给客人并逐一介绍芝士。

3. 制作芝士拼盘。按照客人的人数，现场切割适量芝士并装饰装盘，注意操作安全和卫生。

4. 服务芝士。将制作好的芝士拼盘服务给客人，与客人保持互动。

四、工作原理（WHY）

芝士（Cheese），又名干酪、奶酪、起士，是牛奶经浓缩、发酵而成的奶制品，因其具有营养价值高、奶香浓郁、易吸收、不易致肥等特点而被誉为"奶品之王"。目前世界市场上的芝士有上千种，总体上可以分为以下几类：新鲜芝士（Fresh Cheese）、柔皮白芝士（White Mould Cheese）、洗浸芝士（Washed Rind Cheese）、山羊芝士（Goat Cheese）、蓝芝士（Blue Cheese）、半硬质芝士（Semi Hard Cheese）、硬质芝士（Hard Cheese）、加工芝士（Processed Cheese）等。在很多西餐厅，芝士可以作为甜品前的一道菜品，也可以作为最后一道菜品。一些芝士爱好者不仅热衷于拼盘里种类丰富的芝士，还很注重与之搭配的各种配料。

芝士服务的餐用具主要涉及切割芝士的用具、原料和调味料的盛放用具等。餐用具的准备一般须遵循餐厅的LSOP（Local Standard Operation Procedure），但也可以根据服务员的操作习惯适当调整。

每种芝士的保存温度不一样，在客人食用前应提前将芝士放置到合适的食用温度，这样芝士的香味才会更加浓郁。软芝士和硬芝士都要在室温下放置一小时，新鲜芝士应在冷却后使用。通常会将芝士放在专用砧板上，有些餐厅会用专门的芝士车展示芝士，给每种芝士贴上标签，让客人有更多的选择。服务员需要对餐厅提供的每种芝士的名称、产地、口感及配料等进行详细的介绍，必要时还可以推荐与之搭配的酒水饮料，以便客人能以更专业的方式体验这道菜。

芝士切割是芝士礼仪中非常重要的一环。切割不同类型、质地和形状的芝士会选择不同的切割工具，采用不同的切割方式。芝士切割时不仅要考虑美观，而且要考虑经济的原则。每种芝士的成熟速度不同，有些芝士是由内而外成熟，有些芝士是由外而内成熟，因此切割时要遵循保持呈现成熟芝士并保持完整形状的原则，每一份芝士都要分到同等份的芝士表皮和心。

作为餐厅服务员，必须具备专业的芝士知识，能为客人详细介绍芝士，根据餐厅的要求在客人面前制作芝士拼盘，并为客人服务芝士。

> **查一查**
>
> 芝士是如何生产制作的？

五、工作方法（HOW）

1. 准备好工作边台，把切割芝士需要的用具用品按要求摆放。
2. 到备餐间拿取切割芝士所需的原料和配料。
3. 向客人展示所有的芝士及配料并进行介绍。
4. 切割芝士并详细介绍每一种芝士。
5. 合理装盘装饰，注重配料的选择和搭配。
6. 严格按照餐厅的操作流程服务芝士。
7. 为客人服务芝士拼盘。

六、工作工具（WITH）

1. 芝士砧板（Cheese Board）。
2. 芝士刀（Cheese Knife）。
3. 服务叉和勺（Spoon and Fork Servers）。
4. 调味料碗（Bowl for Ingredients）。
5. 调味料勺（Spoon for Ingredients）。
6. 研磨胡椒（Pepper from the Grinder）。
7. 芝士盘（Serving Plate）。
8. 餐盘（Side Plate for Used Cutlery）。
9. 服务巾（Service Napkin）。
10. 服务托盘（Service Tray）。

查一查

芝士的保存方法有哪些？有哪些古老的保存工艺？

活动

一、餐用具准备

请在5分钟内确认切割芝士所需的服务用具已准备齐全。参考表3-4-1填写所需服务用具的数量，并根据前面任务所学有关"餐具准备工作要求"的内容，注明安全及卫生检查事项。

芝士砧板

芝士推车

图3-4-1 芝士用具
Cheese Tools

模块三 席间食物服务

表 3-4-1 芝士服务工具准备单（Preparation for Cheese Service）

工具名称	数量	安全及卫生检查事项
芝士砧板（Cheese Board）		
芝士刀（Cheese Knife）		
服务叉和勺（Spoon and Fork Servers）		
调味料碗（Bowl for Ingredients）		
调味料勺（Spoon for Ingredients）		
研磨胡椒（Pepper from the Grinder）		
芝士盘（Serving Plate）		
餐盘（Side Plate for Used Cutlery）		
服务巾（Service Napkin）		
服务托盘（Service Tray）		

二、介绍芝士

与同学搭档，两人一组，分别扮演客人和服务员，由服务员向客人介绍各种芝士的特点。练习过程中关注不同国家的饮食习惯和不同知识背景的客人，以及不同沟通语言需求的客人。

查一查

世界知名的芝士种类有哪些？它们的特点是什么？食用方法有哪些？

三、切割芝士

1. 用不同的芝士刀切割不同的芝士，这样芝士才不会互相串味。

2. 切片芝士必须保持原来的形状。

3. 不要留下任何难看的芝士状态。

4. 每一份芝士必须符合芝士的成熟过程要求，如从中心到外皮。

5. 芝士的尖头指向

图 3-4-2 芝士品尝顺序
Cheese Tasting Sequence

113

盘子的边缘。

6. 芝士的装饰物应使芝士的味道更完整,如葡萄、苹果、梨、坚果、干水果、果酱。

7. 芝士切割后装盘应遵循从淡到浓的原则,并按照顺时针方向依次摆放。

四、服务芝士

芝士切割装盘后就可以开始服务。服务芝士时应从客人的右侧,并按逆时针方向进行。配菜(如面包、黄油)应从客人的左侧服务,同样按逆时针方向进行。研磨胡椒应从客人的左侧服务,服务时须配上服务巾或垫布,以防止胡椒碎屑掉落在餐台上。

> **查一查**
>
> 不同国家食用芝士的方式有什么不同?

根据今天所学,可以将芝士服务的主要工作内容和要求整理成以下表格,请按照下列工作要求进行学习评价。

表 3-4-2　芝士服务评价表(Cheese Service)

准备工作	是/否
能说出芝士服务所需的原料和调料	
能根据客人所点的芝士准备服务用具和用品	
能根据选择的工具准备工作台和各个功能区	
介绍芝士	是/否
能面带微笑地向客人介绍每种芝士的名称、产地和口感等	
能为客人介绍所有配料	
能简要讲述芝士拼盘的制作过程	

(续表)

切割芝士	是/否
能熟练地使用不同刀具切割不同的芝士	
能熟练地切割芝士并合理装盘装饰	
摆盘时能注意芝士摆盘的基本原则和要求	
制作过程中能与客人保持互动和有效沟通	
制作过程中能始终保持良好的仪容仪态	
制作过程中有安全意识,能遵循良好的操作规范	
服务芝士	是/否
能用合适的方式服务芝士	
能为客人正确服务芝士搭配的酒水	
能清洁整理工作台面,时刻保持工作台和客人餐台的整洁	
能关注客人的用餐情况,并及时满足客人的需求	

 拓展学习

再制干酪/芝士

　　再制干酪/芝士(Processed Cheese)是以1种或2种不同成熟度的芝士为主要原料,经粉碎后添加乳化剂和稳定剂,融化而成的制品。再制干酪是对天然芝士进行再加工,赋予了它天然芝士没有的特性,包括加工芝士、芝士食品、涂抹芝士三大类。近年来,其产量约占世界芝士总产量的50%,在日本、东南亚、中国香港等地区更是以再制干酪为芝士的生产与消费主体。由于其气味温和,再制干酪越来越受人们喜爱。

想一想

如果芝士上长霉菌了还可以食用吗?

餐厅服务

① 芝士球
Cheese Ball Appetizer

② 芝士汉堡
Cheese Burger

③ 芝士蛋糕
Cheese Cake

④ 芝士西兰花汤
Cheese and Broccoli Soup

⑤ 芝士蘸酱
Cheese Dip

⑥ 芝士酱
Cheese Sauce

图 3-4-3　芝士产品
Cheese Products

 思考与练习

一、思考题

1. 如果你是客人，在享用芝士拼盘时会有什么需求？

2. 查阅资料，了解更多芝士制作背后的故事，思考芝士在西方饮食文化中的作用是什么。

二、技能训练题

今天有一桌客人点了一份芝士拼盘（Cheese Platter），包括车达芝士（Cheddar）、蓝纹芝士（Gorgonzola）、卡门贝尔芝士（Camembert Cheese）、马苏里拉芝士（Mozzarella）。请你按照餐厅服务标准为客人详细介绍每种芝士及其配菜，并提供相应的芝士服务。然后参照世赛评分标准进行学习评价。

议一议

中国食用奶制品的方式有哪些？奶制品在就餐过程中的作用是什么？

表 3-4-3　芝士拼盘世赛评分表（Marking Scheme for Cheese Plate）

自评价标准 Sub Criteria	项目类型 Aspect Type	描述 Description	分值 Score	描述 Description
芝士拼盘 Cheese Plate	测量 M	两份切割大小一致 Equal portion size	是 / 否 Yes / No	
	测量 M	尺寸合理 Recognized portion size	是 / 否 Yes / No	
	测量 M	正确的芝士摆盘和介绍 Correct cheeses presented and explained	是 / 否 Yes / No	
	测量 M	切割手法正确 Correct carving technique	是 / 否 Yes / No	
	测量 M	盘子清洁 Plate clean	是 / 否 Yes / No	
	判断 J	芝士拼盘服务 Service of cheese plate	0	没有与客人互动，技术差，最终摆盘不合理 No interaction with guest, poor technique, inadequate final presentation
			1	与客人的互动有限，技术足够，最后摆盘可接受 Limited interaction with guest, adequate technique, acceptable final presentation
			2	解释清楚，技巧良好，有一些闪光点和创造力，最后摆盘呈现效果好 Good explanation, good technique, some flare and creativity, good final presentation

（续表）

自评价标准 Sub Criteria	项目类型 Aspect Type	描述 Description	分值 Score	描述 Description
			3	与客人的互动和讲解出色，水平高，创造力非常好，最终摆盘呈现效果出色 Excellent guest interaction and explanation, excellent technique, high level of flare and creativity, very good final presentation

模块四
席间酒水服务

席间酒水服务是餐厅服务中的重要内容，服务员需要掌握丰富的酒水知识和酒水服务技能，根据客人需求推荐合适的酒水，再根据酒水的特点进行相应的服务。

　　本模块包括无酒精饮料服务和含酒精饮品服务，经过学习，学生能掌握席间酒水知识和酒水服务工具的使用方法，学会在客人用餐期间自始至终提供宾至如归的对客服务，在活动练习过程中养成良好的职业意识。

图 4-0-1　第 44 届世界技能大赛中国参赛选手宴会服务比赛项目现场

任务 1 　无酒精饮料服务

> **学习目标**
>
> 1. 能根据客人需求，服务相应类别的矿泉水、茶、咖啡及其他饮品，并做好清理工作。
> 2. 能以俄式服务或美式服务的方式，服务茶和咖啡及其随餐物品。
> 3. 能在餐后服务咖啡，并提供配套随餐物品服务。
> 4. 能在服务过程中严格遵守安全卫生条例和避免浪费的要求，为客人提供优雅精致的服务。

四个朋友多年未见，相约来到海之韵餐厅叙旧。作为今晚的值台服务员，请你按照餐厅服务规范和客人的就餐菜单，做好无酒精饮料服务准备，并在席间提供斟倒和添加服务。

菜单 MENU

冷盘 Hors d'Oeuvres
鸡尾酒大虾沙拉 Prawn Cocktail
****
清汤松茸 Pine Mushroom Soup
松子鳜鱼 Sweet and Sour Mandarin Fish with Pine Nuts
龙井虾仁 Stir-Fried Shrimps with Longjing Tea Leaves
膏蟹酿香橙 Orange-Flavoured Crab Meat
东坡牛扒 Hangzhou-Style Fillet Steak
四季蔬果 Braised Veges
****
点心 Pastries
咖啡和茶 Coffee and Tea

图 4-1-1 　菜单
Menu

查一查

除了菜单中提到的饮品外，餐厅里还会提供哪些无酒精饮料服务？

思路与方法

一、工作人员(WHO)

值台服务员。服务内容包括根据菜单完成无酒精饮料的服务准备和席间服务工作。

二、工作区域(WHERE)

客用就餐空间,包括工作边台和客人桌边。

三、工作内容(WHAT)

1. 水的服务:气泡水和矿泉水的服务。
2. 茶的服务:准备工具、沏泡茶水、斟倒茶水、佐餐用品服务。
3. 咖啡的服务:准备工具、制作咖啡、咖啡与佐餐用品服务。

四、工作原理(WHY)

服务员要根据就餐形式的不同,调整无酒精饮料服务的方式。或是先根据客人的点单调整餐具后,再进行无酒精饮料服务;或是直接进行无酒精饮料服务。不论何种服务方式,在服务过程中都要注意卫生、安全和服务礼仪。

在餐厅服务中,会有不同种类的无酒精饮料提供给客人,有免费提供的直饮水(Tap Water),也有收费的气泡水(Aerated Water)、矿泉水(Spring and Mineral Water)、咖啡(Coffee)、茶(Tea)等。

1. 气泡水(Aerated Water)

这类水中被冲了二氧化碳(Carbonic Gas),有的为天然,有的是人工添加的。气泡水通常会有不同的风味,这是由于添加了不同的香精(Essences)所致。

试一试

餐厅提供的常见气泡水都有哪些品牌?你会读吗?

表4-1-1 气泡水的种类及其特征(Different Kinds of Water)

种类	特征
苏打水(Soda Water)	无色无味
苦柠水(Bitter Lemon)	色浅,有强烈的柠檬味
干姜水(Ginger Ale)	金色,有生姜风味
汤力水(Tonic Water)	无色,有奎宁风味

2. 矿泉水（Spring and Mineral Water）

瓶装水通常分为矿水（Mineral Water）和泉水（Spring Water）两类。其中，矿水含有矿物质，而泉水的规定相对宽松。不论是矿水还是泉水，都可能是静止的、天然气泡的或装瓶充气的。

3. 茶水和咖啡（Tea & Coffee）

服务员通常根据客人需求提供茶水和咖啡服务。服务时，可以在吧台倒好咖啡或茶水后端给客人饮用，也可以用咖啡壶或茶壶为客人提供桌边服务。服务时，还需要服务牛奶、奶油和糖等随餐用品。

对于人数较多的宴会，冷/热牛奶、奶油和糖通常会摆放在餐桌上供客人自行取用，而茶或咖啡则放置于一升大小的真空保温壶里，保温壶摆放在工作边台上，以备随时为客人添加茶水或咖啡。这种方式可以确保茶水或咖啡一直保持适宜的温度。

> 想一想
>
> 餐后茶水服务和下午茶的茶水服务有什么不同？

五、工作方法（HOW）

1. 呈递酒水单，并用中文或英文进行简单介绍。
2. 点单。流利地用中文或英文向客人推荐无酒精饮料，与客人保持顺畅的沟通，展现良好的职业素养。
3. 斟倒服务。为客人斟倒适量饮品，做到不洒不溢。在客人就餐期间，准确把握服务时机，及时且恰当地提供添加服务。在服务过程中，始终保持优雅得体的服务礼仪，在不打扰客人的情况下主动提供服务。

> 想一想
>
> 无酒精饮料和含酒精饮品在就餐过程中的作用有什么不同？

六、工作工具（WITH）

茶：

1. 托盘（Tray）。
2. 服务巾（Service Napkin）。
3. 茶壶（Teapot）。
4. 热水壶（Hot Water Jug）。
5. 奶盅（Milk Jug）。
6. 茶渣碗（Slop Basin）。
7. 滤网（Tea Strainer）。
8. 糖缸（Sugar Basin）。
9. 夹子（Tong）。
10. 茶杯和垫碟（Teacup and Saucer）。
11. 茶匙（Teaspoon）。

咖啡：

1. 托盘（Tray）。
2. 服务巾（Service Napkin）。
3. 咖啡杯和垫碟（Coffee Cup and Saucer）。
4. 咖啡匙（Spoon）。
5. 糖缸（Sugar Basin）。
6. 夹子（Tong）。
7. 咖啡壶（Coffee Pot）。
8. 奶油盅（Jug of Cream or Hot Milk）。

 活动

议一议

不同时段不同场合饮用咖啡和茶时，服务方式有什么不同？

根据每位客人的就餐需求进行矿泉水、咖啡和茶的服务。

一、无酒精饮料服务类型

直饮水服务	玻璃杯服务	茶壶服务
矿泉水或直饮水都可以直接用瓶子或水罐进行服务。矿泉水、气泡水或果汁从客人的右侧服务	用玻璃杯服务时，需要用一个垫碟放置茶叶包或茶叶	用茶壶服务时，糖、茶杯和茶匙要先摆放好，茶水须从客人右侧服务

在零点服务中，水瓶或水罐不可以放在餐桌上。如果是瓶装水服务，则标签要面向客人	提醒客人注意水杯烫手，注意茶叶冲泡的次数	如果茶壶有内置过滤网，还要准备一个垫碟，以防客人需要额外放置过滤网

图 4-1-2　无酒精饮料服务方式
None-alcohol Service

安全提示

1. 如果采用托盘服务，托盘内的物品摆放要注意保持平衡、稳妥，以防打翻。
2. 服务过程中注意服务巾的使用，以免烫伤。

二、席间无酒精饮料服务

服务时,要注意观察客人的需求,及时为客人提供服务。当客人提出添加柠檬片或冰块的需求时,要及时满足客人。茶和咖啡的标准服务流程如下:

餐前准备:

准备好糖、奶盅、杯子、垫碟、茶匙或咖啡匙。将茶或咖啡装入真空保温瓶中,并放在工作边台上待用。

席间服务:

1. 面带微笑,用眼神示意,走向客人。

2. 站在客人的右边服务。可以用这样的服务语言:"Excuse me, Mr. / Mrs. / Ms. ... here is your coffee / tea."。

3. 将糖缸和奶盅放置于客人面前的餐桌上。

4. 将咖啡或茶倒入杯中至 2/3 处。

5. 杯柄平行向右,茶匙或咖啡匙与之平行,放于垫碟上。

6. 微笑示意,离开餐桌并向客人致意,可以说:"Enjoy your coffee / tea, please, Mr. / Mrs. / Ms. ..."。

 **总结评价**

根据今天所学,可以将无酒精饮料服务的主要工作内容和要求整理成以下表格,请按照下列工作要求进行学习评价。

表 4-1-2　无酒精饮料服务评价表(None-alcohol Service)

餐前无酒精饮料准备	是 / 否
能说出矿泉水的主要种类	
能说出茶的主要种类	
能说出咖啡的主要种类	
能根据客人的需求准确选择服务工具	
能根据选择的工具准备工作边台和各个功能区	

想一想

咖啡与茶折射出怎样的文化差异?

（续表）

席间无酒精饮料服务	
能使用恰当的工具开展无酒精饮料服务	
能对热饮及其随餐餐品进行银盘服务	
能根据饮品种类的不同，选择恰当的服务方式	
在席间服务过程中，能用中英文为客人解答疑惑	
在整个服务过程中，能保持优雅的姿态，自信地为客人服务	
在整个服务过程中，能关注细节，及时解决问题	
在席间服务过程中，能合理利用服务技巧，避免洒溅	
在席间服务过程中，能有效保持与客人的眼神交流	

 拓展学习

常见矿泉水

下面是市面上常见的矿泉水种类及其特性。

查一查

做一个简单的市场调查，了解国内市场上常见的矿泉水有哪些类型及品牌，并尝试说出它们的特征和饮用建议。

表 4-1-3　常见矿泉水（Common Mineral Water）

类型	特性	饮用建议	代表品牌举例
天然含气矿泉水 Natural Mineral Water	纯天然有气矿泉水，含有丰富的矿物质。口感清新、气泡细腻	单品纯饮或调制鸡尾酒	巴黎水（法国）
			波尔若米（格鲁吉亚）
			圣碧涛（意大利）
天然充气矿泉水 Sparkling Natural Mineral Water	纯天然水源，矿物质丰富；填充二氧化碳，气泡绵密、强劲，口感清爽	单品或佐餐，搭配选择丰富，常作为宴会佐餐。搭配味道丰富的甜点或口感浓郁的葡萄酒利于还原食物本味	芙丝（挪威）
			圣培露
			贝加尔湖（俄罗斯）
			安第斯（智利）

思考与练习

一、思考题

1. 一对年轻情侣来到餐厅就餐,并在餐后点了一杯卡布奇诺。请问:服务时的托盘应该如何摆放?又该准备何种佐餐物品?

2. 进行无酒精饮料服务时,会发生哪些浪费行为?应如何避免浪费?请举例说明。

想一想

你是否有更好的避免浪费的创新点子?

二、技能训练题

请阅读第 45 届世界技能大赛餐厅服务项目宴会服务时的菜单,思考该菜单中包含了哪些无酒精饮料服务,如果你是服务员你会选择何种服务方式。然后与同学一起模拟服务过程,并参照世赛评分标准进行学习评价。

表 4-1-4　第 45 届世界技能大赛宴会服务菜单
(Banquet Menu of World Skill, 2019, Kazan)

Menu	Beverages
Bread and butter Starter Plate/American Service *** Main Course/Silver Service (1 service time) Chicken suprême, vegetables, potato dish, Sauce à part *** Dessert/Gueridon-Service Cake with à part fruit sauce	Water still/sparkling White Wine *** Red Wine *** Pot of Coffee/tea (pouring)

试一试

试着大声朗读菜单并尝试用英语向同学解释菜单。

表 4-1-5　第 45 届世界技能大赛无酒精饮料服务评分表(Marking Scheme for Beverage Service)

自评价标准 Sub Criteria	项目类型 Aspect Type	描述 Description	分值 Score	描述 Description
饮品服务 Beverage Service	测量 M	水:根据点单正确服务 Water — correct served as ordered	是 / 否 Yes / No	气泡水或矿泉水 Sparkling or still

(续表)

自评价标准 Sub Criteria	项目类型 Aspect Type	描述 Description	分值 Score	描述 Description
	测量 M	饮料：符合服务规范 / 一致性 Beverages — compliance with the service rules / consistency	是 / 否 Yes / No	
	测量 M	咖啡伴侣适用性 Coffee accompaniments placement useful	是 / 否 Yes / No	
	测量 M	水杯一直保留到用餐结束 Water glasses stay until the end of dinner	是 / 否 Yes / No	
	判断 J	水 / 咖啡：服务 Water / Coffee — service	0	任务知识匮乏，没有水或咖啡服务。工作流程不安全，倾倒服务不一致 Minimal knowledge of task, lacking service of Water / Coffee, unsafe procedure, inconsistent pouring
			1	具有少量任务知识，有基本的水或咖啡服务，很少续杯 Little knowledge of task, basic service of Water / Coffee, minimal top-up
			2	有一定的任务知识，能提供较好的水或咖啡服务，有基本的安全意识，倾倒技术优雅 Reasonable knowledge of task, average service of Water / Coffee, most safely, nice pouring technique
			3	任务知识丰富，水或咖啡服务优异，安全意识强，握瓶手势正确 Excellent knowledge of task, excellent service of Water / Coffee, safe service, bottles held correctly

任务 2　含酒精饮品服务

学习目标

1. 能熟悉餐食与酒水搭配的原则，为客人提供个性化的佐餐酒水定制搭配服务。
2. 能了解餐厅的运营状况，推荐酒水时具备经营意识。
3. 能熟练掌握起泡酒、红白葡萄酒和啤酒的侍酒方法，为客人提供席间酒水侍酒服务。
4. 能在对客进行席间酒水服务时，执行严格的卫生和清洁标准。
5. 能在为客人提供侍酒服务时，始终保持与客人的眼神交流。

情景任务

四个朋友多年未见，相约来到海之韵餐厅叙旧。你作为当班的服务员，须按照服务标准询问客人的需求并提供餐前的酒水推荐服务，完成佐餐酒侍酒服务。在客人餐后，使用规范的推销语言销售餐后酒，并完成餐后酒服务。

想一想

回顾酒水相关的知识，选择适合这四个朋友的佐餐酒水，并说明理由。

思路与方法

一、工作人员（WHO）

值台服务员。服务内容包括酒水的推荐、侍酒等。

二、工作区域（WHERE）

工作吧台和就餐区。工作吧台区域包括酒水存放区、酒水准备区和杯具置放区，就餐区包括吧台就餐区域和餐台。

三、工作内容（WHAT）

1. 餐前酒水服务。根据客人的个性化需求提供定制化的餐酒搭配建议，向客人介绍不同佐餐酒的种类和特点。

2. 佐餐侍酒服务。在客人用餐期间，根据点单情况提供起泡酒、红白葡萄酒和啤酒的侍酒服务，包括展示酒标、开瓶、斟酒等服务。

3. 餐后酒水服务。根据客人的个性化需求向其推介适宜的餐后酒水并完成侍酒服务。

四、工作原理（WHY）

酒水服务指服务员帮助客人点单和饮用酒水的全过程，它是酒水经营的重要环节。广义的酒水服务还包括一系列有关酒水服务的设施、酒具和侍酒工具等的准备和使用。酒水服务质量与酒水质量一起构成酒水产品质量。优秀的酒水服务应以客人需求为目标，积极向上、诚心诚意、高效率、微笑、周到、朝气蓬勃和不断创新，给客人留下深刻且良好的印象。西方餐酒按照饮用时段不同，分为餐前酒、佐餐酒和餐后酒。

用餐前首先饮用的是餐前酒，通常会在餐前半小时开始饮用，其间搭配开胃菜。餐前酒的选用标准通常是：酒体轻盈，酒精度不太高且糖分含量少，口感清爽。因为太高的酒精度和太多的糖分，会影响人的状态或让人缺乏食欲。

佐餐时饮用的酒应根据用餐食物的类型来定。如果主菜口味偏清淡，佐餐酒的风格也应当随之清淡；如果主菜为大鱼大肉，则应适当选用风味相对浓郁的葡萄酒。

餐后酒具有帮助消化的作用，选用的葡萄酒的酒精度通常会高一些，一般会超过30度，但低于50度。无论是甜型还是干型，根据客人的喜好选择即可。

从餐前和餐后的作用来看，葡萄酒选用的类型主要取决于它的酒精度和糖分含量。前者为了开胃，后者则为了消化。

五、工作方法（HOW）

1. 推介酒水。通过学习酒水基本知识，了解酒水的分类及每一类酒水的主要成分、风味、存放方式、品鉴和佐餐搭配等相关知识，并能向客人进行恰当推荐和介绍。

2. 展示标签。正确持握酒瓶，酒标朝向客人，以便客人查看酒水的相关信息。

3. 开瓶。根据酒水的类型选择恰当的开瓶工具和开瓶时间，开瓶

> **查一查**
>
> 查询资料，了解餐前酒文化，并列举出餐前酒的主要种类。

后将木塞等物件合理放置，保持工作边台干净卫生。

4. 斟酒。根据酒水的类型确定斟酒的量度，为客人提供符合卫生标准和餐桌礼仪的斟酒服务。

5. 酒水储存。客人饮用的酒瓶应该用规范的方式摆放在餐台或冰桶中。餐厅所有的酒水应定期进行盘点，恰当存放。

六、工作工具（WITH）

1. 饮具（Glassware）。
2. 服务托盘（Service Tray）。
3. 服务巾（Service Napkin）。
4. 冰夹（Ice Tong）。
5. 冰桶（Ice Bucket）。
6. 酒刀（Sommelier Knife）。

请根据客人的需求，完成介绍酒单、佐餐侍酒、餐后酒推销等系列服务。学习酒水服务流程，完成餐前酒、起泡酒、啤酒、葡萄酒和餐后酒的侍酒服务。

一、餐前的酒水服务

1. 酒水推荐

客人入座后首先为客人提供餐前酒推荐。根据客人点单的餐食特点，提供有针对性的酒水搭配建议。

> **议一议**
>
> 餐酒搭配的原则有哪些？请举例说明。

礼仪提示

1. 介绍酒水时应保持与客人的眼神交流，时刻听取客人意见，耐心介绍。
2. 若客人拒绝餐前酒精饮品，应及时向客人推荐矿泉水、气泡水和其他饮品。

2. 侍酒服务准备

请根据点单情况在 5 分钟内完成准备工作。参考表 4-2-1 填写所需服务用具的数量，并根据前面任务所学有关"餐具准备工作要求"的内容，注明安全及卫生检查事项。

表 4-2-1 侍酒服务工具准备单（Preparation for Wine Service）

餐用具名称	数量	安全及卫生检查事项
饮具（Glassware）		
服务托盘（Service Tray）		
服务巾（Service Napkin）		
冰夹（Ice Tong）		
冰桶（Ice Bucket）		
酒刀（Sommelier Knife）		

> **工作提示**
> 1. 应根据客人点单情况撤下餐桌上无关的酒具，并根据需要准备专用酒具。
> 2. 若需要醒酒服务则应额外准备醒酒用具。

二、佐餐酒的侍酒服务

1. 起泡酒侍酒服务

练一练

尝试练习起泡酒的侍酒服务。

展示酒标	开瓶	斟酒	放入冰桶
在酒水服务中，当客人购买整瓶酒水时都需要进行酒瓶展示	去掉瓶口处覆盖的锡纸，拧下铁环，右手持方巾包住木塞，左手拖住瓶底，轻轻旋转瓶身至拧出木塞	缓慢匀速斟倒，做到不洒不溢。为防止气泡溢出，可以采用二次斟倒的方法	斟酒完毕后将酒瓶置于盛有冰块的冰桶中

图 4-2-1 起泡酒侍酒服务
Sparkling Wine Service

> **工作提示**
> 开瓶过程中切忌摇晃，防止酒水喷溅，也不可以发出任何声响。

2. 啤酒侍酒服务

啤酒侍酒服务主要分为瓶装啤酒服务和鲜扎啤服务两种。

瓶装啤酒服务。用托盘托送啤酒，站在客人右侧，左手托托盘，右手将啤酒杯放在客人餐盘右上方，拿起啤酒，身体侧站，面对客人右侧，将啤酒轻轻倒入杯中，倒啤酒时应将瓶口抵在一侧杯壁上，使啤酒沿杯壁一侧慢慢滑入杯中，以减少酒沫。倒酒时，应将酒瓶商标面向客人。

试一试

使用托盘托送啤酒时若发生倾倒，你会怎么处理？请简单说明处理流程。

图 4-2-2　托盘服务啤酒
Beer Service

> **工作提示**
> 啤酒应倒 10 分满但啤酒不得溢出杯外，如瓶中啤酒未倒完，应把酒瓶商标面向客人，摆放在酒杯右侧。

鲜扎啤服务。鲜扎啤通常从扎啤机中接取。清洗玻璃杯并自然晾干，在接取或倾倒啤酒时确保杯子与水平面呈 45 度角，过程中缓慢直立杯子，当液体达到杯子容量的 3/4 时，停止注入。随即使用托盘将啤酒托送给客人。

图 4-2-3　扎啤机
Beer Machine

3. 葡萄酒侍酒服务

示酒	开瓶	斟酒
在酒水服务中，客人常会购买整瓶葡萄酒。打开酒瓶前，应请客人鉴定酒的名称、产地和等级，防止出现偏差，同时也表示对客人的尊重	服务员应在客人面前打开酒瓶。先将葡萄酒瓶擦干净，然后用干净的服务巾包住酒瓶，商标朝外，拿到客人面前，请客人检查，确认无误后，在客人面前打开葡萄酒	服务员应站在客人右侧为客人斟酒，斟倒时，不滴不洒。服务员每斟一杯酒应换一个位置，移至下一个客人的右侧，再继续斟酒。注意女士优先

图 4-2-4 葡萄酒侍酒服务
Wine Service

说一说

葡萄酒开瓶应注意哪些事项？醒酒的目的是什么？

工作提示

1. 斟倒葡萄酒时，酒瓶颈下常衬垫一块服务巾以防酒液滴落。瓶口与杯边保持 1—2 厘米的距离，瓶口不可接触杯子。酒标应始终朝向客人可以看到的方向。

2. 服务红葡萄酒时，应根据酒水自身的特点，选择将其放在酒篮或酒架中，使酒瓶倾斜放置片刻后，或为客人展示醒酒过程，再为客人斟倒。白葡萄酒、玫瑰红葡萄酒、起泡酒和葡萄汽酒应降温到合适温度后再斟倒。

3. 将冰桶放在餐桌靠近主人的一侧。服务员每斟一杯酒，持瓶的手要往顺时针方向旋转一下。收回酒瓶时，用干净的服务巾点蘸瓶口，防止葡萄酒洒落在餐台或客人的衣服上。

三、餐后的酒水服务

饮用餐后酒可以帮助食物更好地消化。餐后酒多为利口酒，通常口味香甜。在餐后的酒水服务中，尤其注重对客推销。服务员需要熟练掌握酒水知识与推销技巧，根据客人消费倾向和偏好，提供恰当的餐后酒建议，并提供出色的侍酒服务。

1. 积极对客推销
- 对不了解甜酒的客人，向他们讲解有关知识，推销名酒。
- 给客人留有选择的余地，根据客人的口味和喜好给予相应建议。
- 向男士推销时，可以选择酒精度相对高的酒水，向女士推销则建议酒精度低的柔和酒。

2. 餐后酒服务

餐后酒服务与餐前酒服务相同，可参考餐前酒服务的流程。

> **礼仪提示**
> 1. 餐后酒服务应关注客人的用餐体验，关注客人的满意度，为客人的用餐体验画上完美的句号。
> 2. 对客沟通时，应面带微笑，时刻与客人保持眼神交流，关注客人的消费意愿，使用优雅的姿态进行服务。

四、酒水的储存

1. 葡萄酒的储存

储存方法是否得当，直接关系到葡萄酒的口感和价值，这是葡萄酒和白酒不一样的地方。不当的存储条件会影响葡萄酒最终的口感和品质，有时甚至会导致葡萄酒变质。葡萄酒储存时应该注意以下因素。

（1）温度。长期存储葡萄酒，要注意使仓库保持恒定的低温。葡萄酒最理想的保存温度是12℃—15℃，但绝大部分葡萄酒可以在7℃—18℃熟成。

（2）摆放方式。储存葡萄酒时，要使软木塞能接触到酒液，保持软木塞的湿润。如果橡木塞过于干燥，就会使空气进入酒中导致葡萄酒发生氧化。若是螺旋瓶塞则没有这种风险。

（3）光线。避免葡萄酒接触强光，因为自然的阳光或人造光线都会使酒液升温，让葡萄酒变得不新鲜，甚至老化。

（4）震动。在葡萄酒熟成的阶段，震动会影响葡萄酒的香气。存放葡萄酒时，应使酒标向上，或做好标记，尽量减少挪动。

（5）湿度。葡萄酒储存的湿度应保持在70%左右。

（6）净度。储存葡萄酒的地方应没有异味，保持良好的通风条件，不要与其他东西混合存放。

2. 啤酒的保存

熟啤只要不开启瓶盖，储存在阴凉干燥处，最佳的保质期在3个月

> **想一想**
>
> 在保质期内的啤酒是否都是可以饮用的？若不是，请说明可能的原因。

内,最长不能超过 6 个月。生啤的储存期较短,一般为 10 天。啤酒的最佳储存温度为 4℃左右。

> **工作提示**
> 啤酒保存应避免剧烈的震动。因为剧烈震动会导致啤酒中的二氧化碳气体散失,影响口感。

总结评价

根据今天所学,可以将含酒精饮品服务的主要工作内容和要求整理成以下表格,请按照下列工作要求进行学习评价。

表 4-2-2　含酒精饮品服务评价表(Wine Service)

餐前的酒水服务	是/否
能在客人落座后,及时询问客人的需求,完成酒水推荐服务	
能为不饮用酒精饮品的客人及时提供无酒精饮品的推荐服务	
佐餐酒侍酒服务	**是/否**
能根据点单情况,按照服务标准完成餐前、餐中酒水侍酒服务	
侍酒服务过程中,始终严格遵照卫生标准	
侍酒服务过程中,始终面带微笑,保持与客人恰当的眼神和言语交流	
餐后的酒水服务	**是/否**
能在适宜的时机为客人提供餐后酒推荐服务	
能按照侍酒服务规范完成餐后酒的侍酒服务	
在侍酒服务过程中,始终面带微笑,保持与客人恰当的眼神和言语交流	
酒水的储存	**是/否**
能说出不同种类葡萄酒的特性和储存要求,进行正确储存	
能说出啤酒的特性和储存要求,进行正确存放	
能及时发现酒水变质,始终为客人提供优质的酒水	

议一议

餐酒搭配的原则有哪些?搭配的原理是什么?

 拓展学习

中国酒文化

在世界经济日趋全球化的今天，饮酒文化以其独特的魅力在世界文化交流中独占鳌头，不同国家的饮酒文化大相径庭。中国的饮酒文化以展现人文内涵为主，酒与诗歌、文学的关系，以及历史悠久的文字酒令，无不体现出这种内涵。

请搜集资料，比较中西方饮酒文化的差异，尝试进行中国酒文化介绍。要求彰显中国酒文化的独特魅力，使更多人了解和欣赏中国的酒文化。

查一查

上网查询，了解中国著名白酒的种类、品牌及特点。

 思考与练习

一、思考题

1. 如果在服务过程中出现酒水弄到客人身上的失误，你会怎么处理？请举例说明。

2. 如果客人提出服务的酒水与点单的酒水不匹配，你会如何解决？

二、技能训练题

两人一组，分别扮演客人和服务员，模拟进行佐餐葡萄酒推荐和侍酒服务，然后参照世赛评分标准进行学习评价。

表 4-2-3　葡萄酒服务世赛评分表（Marking Scheme for Wine Service）

自评价标准 Sub Criteria	项目类型 Aspect Type	描述 Description	分值 Score	描述 Description
葡萄酒服务 Wine Service	测量 M	正确向客人展示酒标，按流程完成酒水开瓶服务 Presentation to guests and correct opening procedure	是 / 否 Yes / No	白葡萄酒、红葡萄酒、起泡酒、啤酒 white wine, red wine, sparkling wine, beer
	测量 M	根据客人需求完成斟酒 Top up as required	是 / 否 Yes / No	
	测量 M	服务流程正确且无倾洒 Correct service and no spillage	是 / 否 Yes / No	

(续表)

自评价标准 Sub Criteria	项目类型 Aspect Type	描述 Description	分值 Score	描述 Description
	测量 M	白葡萄酒、香槟等正确放置在冰桶中存放 Wine cooler used	是 / 否 Yes / No	
	判断 J	葡萄酒服务：技能、知识、自信 Wine service — technique, knowledge, confidence	0	缺乏任务知识，对服务内容不自信，缺乏相关操作技能 Lacking knowledge of task, not confident with task, lacking technique
			1	展示出基础技能，略自信，掌握部分操作技术 Showing basic skill, basic confidence, some technique
			2	任务知识掌握良好，有一定程度的自信，展现出良好的技术 Good knowledge of task, good level of confidence, good technique
			3	完全掌握任务知识，非常自信且技术一流 Very high knowledge of task, great level of confidence, great technique

模块五

酒吧服务

酒吧服务主要包括葡萄酒推销、酒水识别和鸡尾酒制作等工作内容。在酒吧服务中,服务员不仅要有娴熟的技能,还要有扎实的葡萄酒和鸡尾酒知识。服务人员必须熟练运用葡萄酒知识准确识别酒水并进行服务。在鸡尾酒制作中,需要掌握鸡尾酒制作的方法并进行佐餐小食服务。

本模块分为葡萄酒推销、酒水识别和经典鸡尾酒制作及无酒精饮品制作三个任务。经过本模块的学习,学生可以熟悉酒吧服务的操作流程,强化酒水服务的意识及操作能力。

图 5-0-1　第 44 届世界技能大赛中国参赛选手葡萄酒服务比赛项目现场

任务 1　葡萄酒推销

学习目标

1. 能根据酒标的基本信息，准确解读葡萄品种、产地、制作工艺、年限和特点等信息。
2. 能根据食物与葡萄酒搭配的原则，合理建议餐酒搭配。
3. 能在推销葡萄酒时，保持高标准的卫生和清洁要求。
4. 能依照当前的法律法规，在进行葡萄酒推销时，考虑尺度、客人的年龄、服务时间和服务地点等因素，展示良好的职业素养。

情景任务

陈小姐带着她的三个闺蜜来到海逸行政酒廊聚餐，庆祝欢聚时刻。她们点餐后，想品尝一下可以随餐的葡萄酒。作为服务人员，请你运用葡萄酒知识进行相应的推荐。

> **想一想**
>
> 你会为她们推荐什么酒水，并给出什么餐酒搭配建议？

思路与方法

一、工作人员（WHO）

值台服务员。服务内容包括听取客人要求，然后给出合理的餐酒搭配建议。

二、工作区域（WHERE）

客用就餐空间。包括工作边台和客人桌边。

三、工作内容（WHAT）

1. 听取客人需求。观察客人特征（性别、年龄等），聆听客人需求（原因、内容等）。

> **查一查**
>
> 聆听是非常重要的一步，你有什么好的聆听小诀窍？

2. 解读酒标。介绍酒水的基本信息。

3. 给出餐酒建议。给出餐酒搭配的理由，运用葡萄酒销售技巧进行合理的追加销售。

四、工作原理（WHY）

用餐的原因决定了客人的需求，而客人的需求又是服务人员进行酒水推荐的依据。了解客人需求的同时，还需要熟知葡萄酒与美食合理搭配可以实现的三种意境：互相提携美味；用葡萄酒衬托出菜肴的最佳风味；用菜肴反衬出葡萄酒的香醇可口。

美食与美酒到底该如何搭配，主要取决于两者的香气和风味。通常葡萄酒不太能直接改变食物的味道，但有时候食物却可以戏剧性地改变葡萄酒的味道。

食物对葡萄酒的影响，几乎全部由食物的主要味道，如甜、酸、苦、辣、咸、鲜等决定。食物中的甜味和鲜味，容易使葡萄酒"硬化"，可能会让葡萄酒品尝起来有薄瘦、苦涩和酸的感觉，导致葡萄酒的水果风味不那么明显。而食物中的咸和酸，可以使葡萄酒味变得更丰富、更顺滑、更柔和，可以减少葡萄酒中的苦涩和酸度，使它的水果风味更明显，但有时也会令葡萄酒品尝起来过于丰满。

葡萄酒与食物有很多成功搭配的例子，比如赤霞珠干红（Cabernet Sauvignon）配黑椒牛排（Steak）、波特酒（Port）配蓝纹芝士（Blue Cheese）、苏玳（Sauternes）甜白搭配法式鹅肝（Foie Gras）。

图 5-1-1　餐酒搭配示例
Samples of Food and Wine Pairing

五、工作方法（HOW）

1. 倾听客人需求，快速在餐厅酒水单中找到匹配的酒水，展现出良好的职业素养。

2. 向客人推荐酒水。运用扎实的葡萄酒知识，流利地用中英文向客人推荐介绍，不卑不亢地进行顺畅的沟通。

3. 适当追加销售。捕捉合适的时机，运用熟练的餐酒搭配经验，

查一查

美酒与美食可以互相提携美味，是哪些因素在起作用？

试一试

为火锅、红烧肉、白斩鸡等经典中国菜肴推荐佐餐酒水，并说明推荐理由。

向客人热情地推荐更恰当的酒水,为餐厅争取更大的利润空间。

六、工作工具(WITH)

1. 菜单(Menu)。
2. 酒水单(Wine List)。
3. 葡萄酒(Wine)。
4. 服务巾(Service Napkin)。

 活动

客人点了以下餐点:沙拉(Salad)、黑胡椒牛排(Steak)、芝士蛋糕(Cheese Cake)。请根据餐酒搭配原则,进行葡萄酒推销。

图 5-1-2 点菜示例
Samples of Food Ordering

一、熟悉酒单

阅读酒水单	解读酒标	介绍酒水
熟悉酒水单,清楚地知道葡萄酒的各个类别	解读酒标,注意法定产区、容积、度数、装瓶地、产地、酒庄、年份、等级等信息	为客人用酒标信息介绍酒水
	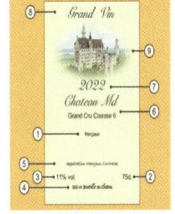	
注意抓关键词,如产地、葡萄品种等	熟练掌握酒标术语的发音与含义	合理使用酒标信息,语言通俗易懂,尽量少用专业术语

图 5-1-3 识读酒单
Wine list Reading

查一查

查询资料,了解常用的酒标术语,并尝试识读不同酒标。

二、餐酒搭配建议

客人点单过程中，或是点单完毕后，服务员可以根据客人的点单，合理提出餐酒搭配建议。根据客人的需求合理提出建议，比如年轻人的纪念日可以建议香槟一类有气泡的酒水来增加浪漫的气氛。可以借鉴下面几个简单的原则进行餐酒搭配推荐。

- 香槟或起泡酒能够搭配绝大多数食物。
- 红（葡萄）酒配红肉，白（葡萄）酒配白肉。
- 如果不确定，就推荐玫红葡萄酒。
- 白葡萄酒在红葡萄酒之前。
- 干型早于甜型。
- 品质越好越要后上。
- 开胃酒选择葡萄基底的比谷物基底的好。
- 本地酒与本地食物好搭配。

总结评价

根据今天所学，可以将葡萄酒推销的主要工作内容和要求整理成以下表格，请按照下列工作要求进行学习评价。

表 5-1-1　葡萄酒推销评价表（Wine Promotion）

酒水分类	是/否
能准确区分不同种类的葡萄酒	
解读酒标	**是/否**
能准确说出葡萄酒的主要酿造工艺	
能流利地用中英文说出葡萄酒的主要产区及其地理位置	
能根据酒标准确解读主要信息	

想一想

对照评价表，想一想自己做到了哪些，又有哪些还需要提高。

（续表）

餐酒搭配建议	是/否
能准确说出食物与葡萄酒口味相互影响的因素	
能根据客人需求，自信地提出可供参考的建议	
能根据客人需要，运用销售技巧，合理推荐酒水	
在餐酒搭配推荐中，能时刻关注客人需求，不断调整自己的营销技巧，展现扎实的葡萄酒知识	
在餐酒搭配推荐中，能有效保持与客人的眼神交流，始终保持沟通顺畅有效	

香槟知识

在庆典或接待场合，升腾的气泡能够营造一种浪漫而喜悦的气氛。这些气泡是如何来的呢？

由于酿造工艺的不同，起泡葡萄酒中的二氧化碳可以是自然产生的，也可以通过外界注入。最常见的起泡葡萄酒的酿造方式有瓶中发酵法（Bottle-fermentation method）和罐中发酵法（Tank method）。但是只有在法国香槟（Champagne）产区以传统方法酿造的起泡葡萄酒才能被称为"香槟"。

Champagne AOC 是法国北部著名的传统起泡葡萄酒产区，基酒通常混合三个品种：霞多丽（Chardonnay）、黑皮诺（Pinot Noir）和缪尼耶（Meunier）。该产区气候凉爽，使基酒得以拥有理想的低酒精度和高酸度，而为了达到每年葡萄酒口感的一致性，大部分的香槟都是以几个不同年份的基酒混合，这时酒标上会标注无年份（Non-Vintage / NV）。

> **想一想**
>
> 香槟适合用于哪些庆典或接待场合？

> **试一试**
>
> 运用学过的知识，尝试解读香槟酒标。

一、思考题

1. 某公司负责人前来酒店洽谈年会具体事宜，希望在一年辛苦工

餐厅服务

想一想

除了这些信息，你还需要哪些信息以帮助你完成酒水推荐。

作后，全体员工能共聚一堂，分享一年来的喜悦。该公司提出，年会正式开始前，划出一块区域作为会前接待区，安排一些小食和香槟，让员工等待开会时也能感受到公司的温暖。请你根据这一情况，推荐恰当的酒水。然后阅读以下世赛评分标准，思考如何在小食和酒水服务中获得较好的表现。

表 5-1-2　酒水小食服务世赛评分表（Marking Scheme for Wine Service）

自评价标准 Sub Criteria	项目类型 Aspect Type	描述 Description	分值 Score	描述 Description
起泡酒 Sparkling Wine	测量 M	酒吧准备／服务工具设备符合任务要求 Bar set up / Service equipment appropriate for task and in place	是／否 Yes / No	
	测量 M	杯具选择正确，完成清洁 Correct glasses, cleaned and polished	是／否 Yes / No	
	测量 M	开瓶程序正确 Correct opening procedure	是／否 Yes / No	
	测量 M	没有洒溅 No spillage	是／否 Yes / No	
	测量 M	第一次倾倒酒量一致 Equal level / first pouring	是／否 Yes / No	
	测量 M	根据要求续杯 Top up as required	是／否 Yes / No	
	判断 J	小食服务 Service of canapés	0	与客人没有交流，没有解释服务流程 No interaction, no explanation and style in the service procedure
			1	与客人有一些交流，有一些服务方式 Some interaction with guests, adequate service style

（续表）

自评价标准 Sub Criteria	项目类型 Aspect Type	描述 Description	分值 Score	描述 Description
			2	有自信，服务得体，沟通良好，服务一致 Good level of confidence and flare in service, good interaction and be consistent in the service
			3	与客人沟通很好，小食解释清晰，自信得体，服务技术优异 Excellent interaction with guests, clear explanation of canapés, high level of flare and technique in the service

2. 搜集资料，总结导致葡萄酒缺陷的原因。

二、技能训练题

一对老夫妻来到餐厅用晚餐，经询问得知他们是来庆祝金婚的。作为值台服务员，你能为客人推荐哪些餐酒？请记录操作过程和注意事项。

Step 1
- 操作步骤：
- 注意事项：

Step 2
- 操作步骤：
- 注意事项：

Step 3
- 操作步骤：
- 注意事项：

Step 4
- 操作步骤：
- 注意事项：

Step 5
- 操作步骤：
- 注意事项：

查一查

查阅资料，了解我国有关葡萄酒饮酒的社会规范，并思考如何在工作中落实。

任务 2 　 酒水识别

学习目标

1. 能根据酒香、味道和外观，准确识别至少 40 款葡萄酒。
2. 能通过视觉、嗅觉及了解的酿造工艺和特征，准确识别烈酒、加强葡萄酒、开胃酒和利口酒。
3. 能根据利口酒的特点，合理进行餐酒搭配。
4. 能在酒水识别中，展示优雅的职业素养。

情景任务

海逸行政酒廊为了进行葡萄酒推销活动，举办了一场品酒会。作为服务人员的你，不仅要布置会场，还需要在品酒会正式开始前为来宾简单介绍酒水识别的基本知识。

查一查

鉴别葡萄酒和烈性酒需要了解哪些常用基本知识？可以从哪几个角度鉴别酒水的品质？

图 5-2-1 　 酒水鉴别
Wine Identification

思路与方法

一、工作人员（WHO）

服务员。服务内容包括准备品酒会会场和介绍葡萄酒品种。

二、工作区域（WHERE）

品酒会现场。包括工作边台和品酒区域。

三、工作内容（WHAT）

1. 根据场地布置会场。
2. 酒水介绍。
3. 引导客人品鉴。

四、工作原理（WHY）

不同葡萄品种酿造的葡萄酒风味不同，所以进行酒水识别时，要具备一定的葡萄品种知识，了解不同葡萄品种的风味特点。

红葡萄品种主要有：

- 赤霞珠（Cabernet Sauvignon）：原产自法国波尔多（Bordeaux），适合温暖和炎热的气候。
- 梅洛（Merlot）：原产自法国波尔多（Bordeaux），适合种植于气候温和的地区。
- 黑皮诺（Pinot Noir）：经典产区是法国勃艮第（Bourgogne）。
- 西拉（Shiraz/Syrah）：起源于法国罗纳河北部（Northern Rhone），在法国叫西拉（Syrah），在澳大利亚叫设拉子（Shiraz）。

白葡萄品种主要有：

- 霞多丽（Chardonnay）：在全世界范围内广泛种植，不管是凉爽、温和还是炎热的气候，它都能生长。
- 长相思（Sauvignon Blanc）：适合凉爽、温和的气候。
- 雷司令（Riesling）：原产自德国，适合在凉爽的气候下生长。

了解这些主要葡萄品种的特点，有助于酒水识别。

> **查一查**
>
> 作为葡萄酒新世界中的一员，中国目前也推出了不少能在世界上立足的经典葡萄酒。我国的葡萄品种有哪些？葡萄产区主要在什么地方？

想一想

鲜食葡萄与酿酒葡萄的区别是什么？鲜食葡萄能用来酿酒吗？

图 5-2-2 红白葡萄
Red and White Grapes

葡萄酒品尝的方法及判定如下：

表 5-2-1 葡萄酒品尝方法（Wine Tasting Method）

视觉的观（Appearance）	
清澈度（Clarity）	清澈（clear）—浑浊（hazy）
颜色深度（Intensity）	淡（pale）—中（medium）—深（deep）
颜色（Colour）	白（white）—柠檬色（lemon）—金黄色（gold）—琥珀色（amber）—玫红（rose）—粉红色（pink）—粉橘色（salmon）—橙色（orange）—红（red）—紫红色（purple）—宝石红色（ruby）—石榴红（garnet）—茶色（tawny）
嗅觉的闻（Nose）	
香气浓度（Intensity）	淡（pale）—中（medium）—深（deep）
香气特征（Aroma Characteristics）	如一类香气、二类香气、三类香气

试一试

走进超市或菜场，去闻一下新鲜蔬果的香气，并尝试将这些香气记下来。

（续表）

味觉的尝（Palate）	
甜度（Sweetness）	干（dry）—半干（off-dry）—中（medium）—甜（sweet）
酸度（Acidity）	低（low）—中（medium）—高（high）
单宁（Tannin）	低（low）—中（medium）—高（high）
酒体（Body）	轻盈（light）—中（medium）—饱满（full）
味觉特征（Flavour Characteristics）	如一类味道、二类味道、三类味道
余味长度（Finish）	短（short）—中（medium）—长（long）
结论（Conclusions）	
质量（Quality）	有缺陷（faulty）—差（poor）—可接受（acceptable）—好（good）—很好（very good）—优异（outstanding）

五、工作方法（HOW）

葡萄酒品鉴方法一般包括观（Look）、闻（Smell）、尝（Taste）和记（Note）四个步骤。

一观，察言观色。将酒杯向前倾斜45度，在白色背景下观察酒色及清澈程度。

图 5-2-3　葡萄酒颜色示例
Colours of Wine

想一想

葡萄酒的不同颜色来源于哪里？

学习小贴士

为了更快速地识别香气，要注意日常的积累。在生活中可以经常闻闻蔬菜水果的气味，在学校里则可以通过酒鼻子训练来积累气味记忆。

二闻，轻摇闻香。用转圈的方式摇晃酒杯，释放酒的香气，将鼻子探入杯中，轻闻香气。

三尝，细吞慢品。由于舌头的不同部位对各种味道的敏感程度不尽相同，因此要用舌头的不同部位去感受。舌尖对甜度特别敏感，舌头的左右侧对酸味和咸味更加敏感，而舌头的根部对苦味更加敏感。

四记，评估记录。品酒笔记不可缺少，它是一种经验的积累。经过望、闻、尝后，大概对酒有基本判断，然后可以就其色泽与外观、芳香及酒香、味道及余味等方面进行记录。

六、工作工具（WITH）

1. 标准酒杯（ISO Tasting Glass）。
2. 餐巾纸（Tissue）。
3. 吐酒桶（Spittoon）。
4. 小食（Snacks）。
5. 矿泉水（Mineral Water）。
6. 酒刀（Wine Opener）。
7. 笔记（Tasting Note）。
8. 笔（Pen）。

拿到酒单后，根据酒会要求，从布置会场开始，呈现一个完美的品酒现场。

一、品酒前准备

选择场地	准备品酒工具	倒入酒水
保持良好的自然光线，确保有足够的空间且无异味	准备酒杯、水杯、吐酒桶、餐巾纸、小食等。酒杯必须无色、无味、无任何残留物	确保倒入每个酒杯的酒量相同，一般采用50毫升的酒样

图 5-2-4 品酒前准备工作
Preparation for Wine Tasting

> **礼仪提示**
> 1. 保持口腔洁净，不要有牙膏或重口味食物的残留味道。
> 2. 必须避免喷香水、须后水或其他具有强烈香气的产品。

二、酒水识别

一看	二闻	三尝	四记录
把酒杯斜撑一个角度，注意观察酒水的边缘，观察清澈度和颜色	轻轻摇动酒杯，然后将鼻子探到酒杯口，闻酒水的酒香	浅啜一口，在口中旋转。最后可以吞下去，也可以吐在吐酒桶里	运用品酒术语记录品酒体会 |//

用食指和拇指捏着酒杯的杯脚，在白色背景处观察	品鉴起泡酒时切忌晃动酒杯	酒水须与口腔充分碰撞，同时也要留有一点空气	完成每个步骤后应及时记录

图 5-2-5　酒水识别的常用方法
Wine Tasting

> **查一查**
>
> 品酒时应考虑哪些问题，以提高品酒的正确度。

 **总结评价**

根据今天所学，可以将酒水识别的主要工作内容和要求整理成以下表格，请按照下列工作要求进行学习评价。找到做得好的或有待改进的地方，并和同伴交流得与失。

> **工作提示**
> 1. 进行酒水识别练习时，应避免使用表情、声音或语言对酒水进行描述评价，避免干扰他人。
> 2. 在酒水识别练习前，请勿大量饮用水，唾液的过度稀释会影响练习。

想一想

对照自测表，想一想自己做到了哪些，又有哪些还需要提高。

表 5-2-2　酒水识别评价表（Identification）

品酒前准备	是/否
能快速准确地识别葡萄酒	
能精准斟酒，确保每个酒杯中的酒量相同（一般为 50 毫升）	
能保持口腔清洁，避免喷香水、须后水或其他具有强烈香气的产品，始终保持得体大方的仪容仪表	
能准确地做好酒具准备，符合卫生和安全标准	
酒水介绍	是/否
能用中英文说出主要葡萄品种的风味特点	
能用中英文说出葡萄酒的特点	
能用中英文说出主要葡萄酒的餐酒搭配	
能用中英文说出主要葡萄酒的酿造工艺与特征	

 拓展学习

烈性酒的饮用与服务

烈性酒通常是指酒精度在 40 度以上的酒，这类酒包括白兰地、威士忌、金酒、伏特加、朗姆酒和龙舌兰酒等。烈性酒的生产除了需要酒精发酵外，还需要经过酒精提纯的过程。经过不同工艺提纯后，烈性酒也将呈现出不同的感官表现。烈性酒的品鉴方法与葡萄酒类似，但是基于烈性酒浓郁的风味和较高的酒精度，在饮用和服务方式上有所不同。

白兰地的主要饮用方法是净饮，使用白兰地专用杯，另外用水杯配一杯冰水。品尝时用手掌握住白兰地杯的杯壁，可以让手掌的温度经过酒杯稍微温暖白兰地，让其香味挥发，充满整个酒杯。

威士忌的饮用方法灵活多样，除可直接饮用外，还可加入纯净水、汽水、冰或其他饮料饮用。优质威士忌酒加水稀释后，香型不变，澄清透明，是威士忌品酒人士喜爱的饮用方式。不同饮用方法所适用的酒杯亦不相同，净饮和加冰饮用时通常使用古典杯，混合其他饮料饮用时

则可用柯林杯。

传统金酒包括荷式金酒和英式金酒，荷式金酒主要用于餐前或餐后单饮，英式金酒广泛用于鸡尾酒调制。净饮时，先将30毫升的金酒加少量冰块搅匀，滤入鸡尾酒杯，加入一片柠檬片作为装饰；加冰饮用时，在古典杯中加冰块和30毫升金酒，加入一片柠檬片作为装饰；还可以选用柯林杯，将金酒与苏打水、汤力水混合饮用。

伏特加通常以常温饮用，快饮（干杯）是其主要饮用方式，所以伏特加出品时量不会很大，标准用量为每位顾客42毫升，一般使用容量较小的烈性酒杯或利口酒杯。纯饮时，常备一杯凉水。加冰饮用时，多选用容量大一些的古典杯。伏特加也可作佐餐酒或餐后酒。

在朗姆酒的生产国，人们常直接饮用朗姆酒以品味其独特的风味。在其他国家，却更多地用朗姆酒作为基酒来调制鸡尾酒。朗姆酒还可以加冰、加水、加可乐等一起混合饮用。

龙舌兰酒是墨西哥的国酒，当地人对此酒情有独钟，常用于净饮。龙舌兰酒在饮用时有个经典搭配：服务时，准备两个细高的圆形小酒杯，分别斟满龙舌兰和桑格丽塔（一种辣味汁），同时准备一小碟盐和一个柠檬角。除此之外，龙舌兰酒也常作为鸡尾酒的基酒使用。

> **查一查**
>
> 我国规定的酒水适饮年龄是多少岁？其他国家又是怎么规定的？

思考与练习

一、思考题

1. 如果让你筹备一次中国葡萄酒的品鉴会，你会挑选哪些葡萄酒？又会如何布置会场？请写出每款葡萄酒的葡萄品种、产地及特色。

2. 请搜集资料，学习并复述利口酒的主要特点及品鉴方法。

二、技能训练题

今天你要参加一个烈性酒品鉴会，会上有白兰地（Brandy）、威士忌（Whisky）、伏特加（Vodka）、白朗姆（White Rum）和龙舌兰酒（Tequila）五款酒水。请查询资料，了解烈性酒的品酒方法及特征描述方法，用观和闻的手段进行基本判断，并写出判断依据。

表 5-2-3 品酒记录表（Liquor Tasting）

号码	酒名	特征

任务3 经典鸡尾酒制作及无酒精饮品制作

 学习目标

1. 能熟练掌握鸡尾酒制作工具的使用方法。
2. 能根据客人的个性化需求,提供定制化鸡尾酒服务。
3. 能在制作和服务时,保持高标准的卫生和清洁要求。
4. 能按照当前的相关法规,在提供含酒精饮品的服务时,考虑尺度、客人的年龄、服务时间和服务地点等因素。
5. 能熟练掌握鸡尾酒和小食服务的流程,时刻关注客人的需求并及时沟通解决。

 **情景任务**

三个闺蜜来到海逸行政酒廊聚餐,餐后意犹未尽,想点一杯鸡尾酒助兴。大家对缤纷多彩的鸡尾酒产生了兴趣。其中有一位客人是开车来的,不能喝含有酒精的饮料,她觉得有点扫兴。作为今天的吧台值台服务员,请你为她们完成鸡尾酒服务,并制作一杯特别的无酒精饮品。

试一试

你会为她们推荐什么样的经典鸡尾酒?请尝试进行经典鸡尾酒推介。

 **思路与方法**

一、工作人员(WHO)

吧台服务员。服务内容包括鸡尾酒和无酒精饮品的推荐、点单、制作与服务。

二、工作区域(WHERE)

工作吧台和用餐台。工作吧台区域包括饮品制作区和杯具置放区,用餐台包括吧台用餐区和餐台。

三、工作内容（WHAT）

1. 调酒用具准备工作。根据客人的点单情况准备需要的调酒用具，按照适合操作的方法进行吧台摆放。

2. 经典鸡尾酒制作。依据经典鸡尾酒的配方、制作标准、杯具和装饰物等完成经典鸡尾酒制作。

3. 无酒精饮品制作。依据客人需求推荐无酒精饮品，并按照相关制作标准完成制作。

4. 鸡尾酒服务。始终保持优雅的服务礼仪，完成鸡尾酒和小食服务。

四、工作原理（WHY）

经典鸡尾酒是一种多以蒸馏酒为基酒，辅以各类糖浆、果汁和利口酒的混合酒精饮品。它的种类繁多，配方各异，但都色香味兼备。经典鸡尾酒因其独特的表现形式，能刺激客人味蕾，给予客人无与伦比的多样化混合体验，在餐厅服务中十分重要。除色香味外，鸡尾酒的独特之处还表现在它多样的载杯造型与装饰物上。经恰当处理的水果等食材能让鸡尾酒充满诗情画意，装饰物的制作也是鸡尾酒制作的重要工作之一。

无酒精饮品主要是依据原有经典鸡尾酒配方进行调整，使用果汁和汽水等不含酒精的饮料替代原配方中的酒精饮料调制而成，对不胜酒力或不适宜饮酒的人群而言是较为理想的选择。

鸡尾酒和其他无酒精饮品制作的最终环节在于向客人呈现饮品，完成饮品服务。为保证饮品质量，鸡尾酒的制作必须严格按照配方中的调制方法和顺序。在向客人提供饮品的过程中，应准备玻璃杯垫或鸡尾酒餐巾，以保持高标准的卫生和清洁要求。在提供鸡尾酒的过程中，还要能介绍饮品，并根据对客人需求的预测，灵活地进行饮品推销。

> **查一查**
>
> 查询资料，了解 IBA 经典鸡尾酒配方。

五、工作方法（HOW）

1. 准备调酒用具。根据酒品制作的需要，选择调酒器具。

2. 制作经典鸡尾酒。考虑客人的年龄、服务时间和服务地点等因素，结合客人的需求制作经典鸡尾酒。

3. 调制无酒精类饮品。结合客人的口味偏好等需求，制作无酒精类饮品。

4. 完成鸡尾酒及小食服务。搭配纸巾、杯垫和小食盘，为客人提供规范且符合卫生标准的鸡尾酒服务，使客人获得良好的体验。

六、工作工具(WITH)

1. 量杯(Jigger)。
2. 捣锤(Muddler)。
3. 滤冰器(Strainer)。
4. 抹布(Rag)。
5. 吧勺(Bar Spoon)。
6. 擦杯布(Polishing Cloth)。
7. 酒嘴(Pourer)。
8. 榨汁器(Juicer)。
9. 冰夹(Ice Tong)。
10. 摇酒器(Shaker)。
11. 服务托盘(Service Tray)。
12. 餐巾纸(Tissue)。
13. 服务巾(Service Napkin)。
14. 碟(Plate)。
15. 冰桶(Ice Bucket)。
16. 杯垫(Coaster)。
17. 制冰机(Ice Machine)。
18. 碎冰机(Ice Crusher)。
19. 鸡尾酒杯(Cocktail Glass)。

> **试一试**
>
> 尝试使用不同调酒器具,思考并总结调酒用具的使用方法。

通过鸡尾酒和无酒精类饮品的制作,熟悉鸡尾酒制作工具的使用和制作方法,搭配合适的器具,制作和谐美观的装饰物,并为客人提供经典的鸡尾酒服务。

一、调酒用具准备工作

1. 根据客人的点单情况进行调酒用具选择和盘点,参照表 5-3-1 填写用具、数量和安全及卫生检查事项。

表 5-3-1 调酒用具准备单(Tools for Making Cocktail)

用具名称	数量	安全及卫生检查事项

2. 根据填写的调酒用具准备单,在 3 分钟内完成用品的准备。

> **安全提示**
>
> 1. 玻璃杯属于易碎品,服务时应注意检查杯子是否有缺口,防止划伤客人。
> 2. 易碎品清洗和擦干时应更加小心,避免产生安全隐患和物料损耗。

试一试

冰块如何影响鸡尾酒的味道?请尝试使用不同数量的冰块进行鸡尾酒制作并说明区别。

二、经典鸡尾酒制作

根据配方确定制作方法并选取相应的制作工具。鸡尾酒的主要制作方法包括调和法、摇和法、搅和法等,具体的操作流程如下。

1. 调和法(Stirred)

① 装冰,加入配料	② 搅拌
准备 2/3 调酒杯冰块,滤掉已融化的冰水后在调酒杯中添加所有原材料	用搅拌勺搅拌至均匀

③ 装杯	④ 完成出品
使用滤冰器过滤出液体,直接倒入干净的杯子中	加入装饰物,配上吸管即可出品

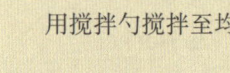

图 5-3-1 调和法
Stirred

> **工作提示**
>
> 1. 以打圈的方式搅拌出漩涡状,可以提高制作的效率。切不可随意搅拌敲击冰块致冰块碎裂。

2. 装杯时动作要轻柔,避免将酒液洒出,影响出品的液量。调和法液量不足的情况难以调整,这样的出品也易遭客人投诉。

3. 冷饮出品一定要配上杯垫,防止冷凝水流到餐桌上。

2. 摇和法(Shaken)

① 准备冰块	② 加入配料	③ 搅拌
在摇酒壶中添加所有原材料	加入配料	用双手握住摇壶均匀摇晃10—30秒
④ 装杯	⑤ 完成出品	
用滤冰器过滤出液体,倒入冰水杯中,视配方决定是否添加冰块	根据经典配方制作装饰物,在鸡尾酒中加入装饰物完成出品	

图 5-3-2 摇和法
Shaken

工作提示

冰块的数量应根据制冰机制冰的密度、大小等进行调节,目的是在摇和过程中起到合适的搅拌和冷却的效果,避免过度融化带来的酒液稀释。

卫生提示

制作时应用镊子夹取食物,避免手指接触装饰物。

3. 搅和法(Blended)

① 添加配料	② 加入冰块	③ 机器混合
在搅拌机器中添加所有原材料	加入适量冰块	开机将原材料混合均匀
④ 装杯	⑤ 完成出品	
将混合均匀的液体直接倒入干净的冰杯中	根据经典配方制作装饰物,在鸡尾酒中加入装饰物完成出品	

图 5-3-3 搅和法
Blended

试一试

传统配方使用不同的制作方法会有什么区别?尝试使用搅和法制作传统配方鸡尾酒。

> **工作提示**
> 1. 机器会将冰块彻底打碎，这会加速冰块的融化，冰块几乎成了酒体的一部分直接被客人饮用。
> 2. 开始的时候冰块大，可用多次间歇开机的方式，增加搅拌效果。
> 3. 用于装冷饮的杯子应提前冰杯。

> **卫生提示**
> 1. 切勿用手直接接触入口食物。
> 2. 使用后的砧板应立即清洁。

三、无酒精饮品制作

1. 无酒精饮品配方设计。参考经典鸡尾酒配方，询问客人喜好，调整配方。

试一试

参考经典鸡尾酒配方，设计出3款无酒精饮品。

> **礼仪提示**
> 1. 无酒精饮品不是简单的混合饮料，而要让不宜饮用酒精的客人也能体验到饮用鸡尾酒般的满足感。
> 2. 无酒精饮品设计的重点是酒精的替换，避免只是去掉经典鸡尾酒配方中的酒精。

2. 无酒精饮品制作。严格按照经典鸡尾酒制作的标准选择调制方法完成制作。具体可以参考经典鸡尾酒制作方法。

四、鸡尾酒服务

1. 鸡尾酒服务。配上纸巾和杯垫，使用托盘将鸡尾酒托送至客人餐桌或吧台用餐区。

> **礼仪提示**
> 1. 服务时要向客人介绍鸡尾酒的名称和饮用建议。
> 2. 始终面带微笑进行对客服务。

2. 小食服务。送上鸡尾酒饮品后，及时配上小食（Canapés）。

> **查一查**
>
> 小食服务有什么需要特别注意的地方？

工作提示
1. 根据小食的种类确定是否需要搭配餐具。
2. 观察小食的食用情况，及时根据需要进行添补。

总结评价

根据今天所学，可将鸡尾酒和无酒精饮品制作与服务的主要工作内容和要求整理成以下表格，请按照下列工作要求进行学习评价。

表 5-3-2　经典鸡尾酒及无酒精饮品制作评价表（Making Cocktail）

准备调酒用具	是/否
能根据饮品制作需要准备相应的调酒用具	
能按照安全和卫生标准正确使用调酒用具	
经典鸡尾酒制作	**是/否**
能根据经典鸡尾酒配方进行经典鸡尾酒制作	
在制作过程中无任何液体洒出，无配料浪费	
能按照卫生标准，规范且高效率地制作鸡尾酒	
无酒精饮品制作	**是/否**
能根据客人的个性化需求调整配方完成无酒精饮品制作	
在制作过程中无任何液体洒出，无配料浪费	
能按照卫生标准，规范且高效率地制作无酒精饮品	
鸡尾酒服务	**是/否**
能以较高的效率为客人提供满足其需求的饮品	
能向客人介绍饮品，包括饮品的名字、饮用方法、风味特点等	
能优雅地进行鸡尾酒和小食服务	
能始终面带微笑进行对客沟通	

拓展学习

调酒师的岗位职责

表 5-3-3　调酒师的主要岗位职责（Bartender）

岗位职责
按酒吧的仪容仪表标准，穿着全套干净制服，准时上班
按酒吧的服务流程，完成一系列点单、服务和结账的工作
对客人进行向上销售，提升销售额
按标准配方规定的数量、口味和展示规格，制作和服务酒精饮品和非酒精饮品
为等候人员提供清水或小食
准备足够的预调饮料、果汁和糖浆，并做上标签
准备和切配装饰物
按说明清洗、擦拭和烘干所有使用的玻璃杯
及时对水槽进行冲洗和消毒，经常用抹布擦干，避免水斑和其他杂物
保持一个干净和有组织的工作空间（架子、墙壁、冰箱、地板等）
了解收银系统的各项功能及正确使用方法

查一查

查找世界调酒师大赛 World Class 的相关视频，和同学分享观看心得。

思考与练习

一、思考题

1. 在鸡尾酒制作过程中，若客人提出酒水的品质有问题，你会如何处理？

2. 若在进行经典鸡尾酒小食服务时，由于厨房出菜慢导致客人长时间等待，你会如何与客人进行沟通？

二、技能训练题

请选择一种基酒,搭配任意果汁和饮料完成鸡尾酒的设计与制作。要求配方搭配恰当、饮品色泽亮丽。然后参照世赛评分标准进行学习评价。

> **提示**
>
> 在设计与制作过程中要充分利用食材,避免浪费。

表 5-3-4　鸡尾酒制作世赛评分表(Marking Scheme for Making Cocktail)

自评价标准 Sub Criteria	项目类型 Aspect Type	描述 Description	分值 Score	描述 Description
鸡尾酒 Cocktail	测量 M	准备工作完好 Correct mise en place for work	是 / 否 Yes / No	所需的工具均清洁干净,准备到位 All required equipment available and clean
	测量 M	制作过程无浪费 Cocktail — no wastage	是 / 否 Yes / No	制作后雪克壶内无残留酒液 No left cocktail in shaker
	测量 M	正确的制作流程 Cocktail — correct method	是 / 否 Yes / No	按照配方要求的制作流程进行制作 As per Recipe described
	测量 M	正确的制作配方 Cocktail — correct ingredients including garnish	是 / 否 Yes / No	按照配方要求制作,每个配方要求 2—4 个装饰物 As per Recipe described, 2—4 garnish ingredients
	测量 M	正确的液量 Cocktail — correct levels	是 / 否 Yes / No	各杯鸡尾酒之间的误差小于 1 毫升,每杯鸡尾酒展示方式应一致 All cocktails level differ within 1 ml, consistent presentation for all cocktails
	测量 M	制作过程无倾倒 Cocktail — no spills	是 / 否 Yes / No	杯子干净且无酒液洒出 Glasses are clean, no drops
	判断 J	鸡尾酒:出品、技术、味道 Cocktail — final presentation / technique / taste	0	无自信,技能缺乏,制作过程和方法均不正确 Not confident with bar task, lacking presentation skills, final product not servable

（续表）

自评价标准 Sub Criteria	项目类型 Aspect Type	描述 Description	分值 Score	描述 Description
			1	对项目有一定自信，制作方法和流程一般，制作饮品可完成服务 Some knowledge of bar skills, average presentation skills, product servable
			2	对项目自信，掌握酒吧知识技能，酒水制作流程基本正确 Confident with task, knowledge of bar skills increased, presentation in line with recipe
			3	对项目非常自信，对客服务自然，酒吧知识丰富，酒水展示卓越，使用杯垫服务 Very confident with task, great eye contact with guests, excellent knowledge, excellent presentation, using coasters

模块六

咖啡服务

餐厅服务员需要为客人提供专业的咖啡服务，包括经典咖啡制作与服务、特色咖啡制作与服务、自创咖啡制作与服务。

服务员需要充分了解咖啡豆，根据咖啡豆的性状进行研磨度和萃取方案的调整。在经典咖啡和特色咖啡制作中，需要掌握两类咖啡饮品的标准制作流程、食品卫生程序以及设备的清洁与保养。在自创咖啡制作中，需要掌握自创咖啡的配方设计和制作方法选择，呈现具备吸引力的自创咖啡。通过该模块的学习，可以全面掌握咖啡饮品文化，为客人提供最佳风味的咖啡饮品；在自创咖啡的创意设计中，可以增强注重客人需求的意识，提升根据不同客户群体提供针对性、专业性服务的能力。在实操训练中，还能培养节约、环保和安全卫生的意识。

图 6-0-1　第 45 届世界技能大赛中国国家队选手咖啡制作与服务比赛项目现场

任务 1　经典咖啡制作及服务

 **学习目标**

1. 能熟练掌握咖啡豆的风味、烘焙、制作等相关的知识。
2. 能掌握机器的使用方法,严格按照操作安全和卫生标准制作经典咖啡。
3. 能根据咖啡豆的种类和性状,制定萃取方案,始终保证萃取出符合标准的浓缩咖啡。
4. 能正确完成机器的清洁和保养工作。
5. 能及时关注客人的需求,提供个性化的咖啡饮品服务。

 **情景任务**

一家人来到海茗咖啡厅小坐。男主人点了一杯意式浓缩咖啡,女主人点了一杯拿铁咖啡,大儿子想要一杯美式咖啡。淘气的小女儿犯了难,她不想和家人喝一样的,却又不知道点哪款咖啡。作为咖啡厅服务员,请你先完成小女儿的点单服务,然后根据他们的点单情况按照咖啡制作标准完成咖啡的制作与服务。

 **思路与方法**

一、工作人员（WHO）

咖啡厅服务员。服务内容包括咖啡饮品的介绍、点单、制作与服务。

二、工作区域（WHERE）

工作吧台和就餐区。工作吧台区域包括咖啡设备区、饮品制作区、餐具用具置放区,就餐区包括吧台就餐区域和餐台。

查一查

查询资料,了解餐饮业的卫生标准操作程序。

三、工作内容（WHAT）

1. 对客点单。在客人主餐进食结束后，作为服务员应主动引导客人进行餐后饮品的点单。对客点单不仅要向客人介绍饮品种类，还要向客人介绍不同品类咖啡饮品的感官特征、饮用文化和饮用方式等。

2. 准备工作。咖啡饮品制作的准备工作主要包括制作工具和设备、服务用具和餐具的准备。经典咖啡制作通常需要使用意式咖啡机进行浓缩咖啡萃取，良好的清洁和维护不仅可以延长机器的使用寿命，还可以保证饮品的食品卫生安全。

3. 浓缩咖啡制作。根据咖啡豆的烘焙度调试磨豆机，使用半自动意式咖啡机制作浓缩咖啡。理想的浓缩咖啡是在20—30秒的时间内萃取25—35毫升的浓缩液。

4. 经典咖啡饮品的制作。根据配方制作美式咖啡、拿铁咖啡和拿铁玛奇朵。

5. 经典咖啡服务。依据经典咖啡服务标准，准备咖啡碟、纸巾、咖啡勺、糖包，完成咖啡饮品的出品和对客服务。

6. 设备清洁与保养。根据设备清洁与保养的标准以及餐厅卫生标准，完成设备的清洁与保养，包括磨豆机、咖啡机的每日清洁和定期深度清洁以及设备定期除水垢等保养工作。

四、工作原理（WHY）

要完成经典咖啡的制作，需要服务员熟悉咖啡豆的种类和特点、掌握经典咖啡的制作技能。而经典咖啡服务不仅需要服务员熟悉经典咖啡的制作，更需要服务员在与客人的沟通中了解客人的喜好和需求，为客人介绍并完成咖啡饮品点单。一名优秀的吧台服务员要能根据客人的特点和需求，为客人推荐适宜的饮品。

一份完美的浓缩咖啡是完成任何经典咖啡饮品的重要基础。一份符合标准的浓缩咖啡表面应有2—4毫米的油脂层，它能为后续的咖啡饮品带来醇厚度和香气，也能让后续的咖啡拉花呈现出更好的效果。因此，调试磨豆机并制作一杯符合标准的浓缩咖啡是吧台服务员的必备基本功之一。

美式咖啡、拿铁、卡布奇诺和玛奇朵是四种经典的咖啡饮品，它们都是在浓缩咖啡的基础上通过添加不同的配方制作而成。不同的配方迎合了不同人群的口味，也可以搭配不同的甜品，碰撞出更多奇妙的口感。针对客人的需求提供一杯高品质的经典咖啡，能为客人的就餐体验画上完美的句号。

想一想

浓缩咖啡的油脂表面的虎斑是由什么组成的？请尝试分析并说明产生的原因。

查一查

哪些因素会影响浓缩咖啡的油脂？请查找相关资料后进行总结。

设备清洁与保养是保证饮品卫生的重要前提,在咖啡饮品的准备和制作过程中都不能缺少设备清洁的环节。正确的设备清洁与保养可以防止设备上残留的咖啡污渍对之后的咖啡风味的影响。同时,设备清洁与保养能保证设备的安全使用,延长机器的使用寿命。

五、工作方法(HOW)

1. 向客人介绍经典咖啡饮品菜单。为餐桌上的儿童推荐适合儿童饮用的咖啡饮品。

2. 回到吧台制作咖啡饮品。调整研磨度,完成经典咖啡饮品的制作。

3. 配好咖啡碟、纸巾、咖啡勺、糖包,完成咖啡饮品出品。

4. 使用托盘将咖啡饮品托送至餐桌,向客人介绍咖啡饮品及饮用方式。

5. 服务结束后完成设备的清洁与保养工作。

> **想—想**
>
> 有哪些潮流饮品会用咖啡作为基底?

六、工作工具(WITH)

1. 磨豆机(Coffee Grinder)。
2. 半自动意式咖啡机(Semi-automatic Espresso Machine)。
3. 奶缸(Milk Jug)。
4. 抹布(Rag)。
5. 咖啡勺(Coffee Spoon)。
6. 擦杯布(Polishing Cloth)。
7. 陶瓷咖啡杯(Coffee Cup)。
8. 带柄玻璃杯(Glass with Handle)。
9. 窄高玻璃杯(Narrow High Glass)。
10. 服务托盘(Service Tray)。
11. 餐巾纸(Tissue)。
12. 糖包(Sugar)。
13. 搅拌勺(Stir Stick)。

 活动

提供咖啡饮品点单服务,向客人介绍经典咖啡的种类和特点并完成点单。按照客人的需求完成浓缩咖啡、美式咖啡、拿铁和玛奇朵等经典咖啡饮品的制作与服务。咖啡服务结束后完成设备的清洁与保养。

一、对客点单

1. 为客人提供饮品菜单，使用服务用语向客人推荐经典咖啡饮品，要求介绍饮品的感官特征和饮用文化。

表 6-1-1　经典咖啡的感官特征与饮用文化（Classic Coffee Sensory and Culture）

特征		种类			
		美式	拿铁	卡布奇诺	拿铁玛奇朵
	感官特征	干净清爽	口感丝滑，奶香较重	绵密细腻的奶沫与咖啡、牛奶的融合，口感细腻柔滑，奶香浓郁	咖啡醇香四溢，奶沫细腻顺滑，奶沫与咖啡的融合降低了浓缩咖啡的浓醇，使口感变得柔和
	饮用文化	适合不喜欢牛奶或对牛奶过敏的消费者	拿铁在意大利语中表示牛奶，拿铁咖啡就是牛奶加咖啡，牛奶味较重	有丰富的泡沫，牛奶和咖啡的比例相当、味道均衡。饮用时可以在奶沫上撒糖，先吃奶沫再喝咖啡	源于意大利的拿铁玛奇朵是一种适合儿童饮用的咖啡饮品，咖啡液与奶泡在玻璃杯中的分层也使咖啡看上去更加赏心悦目

> **查一查**
>
> 查询资料，了解咖啡的起源，思考影响咖啡品质最重要的因素是什么。

2. 复述客人的点单内容和要求，询问客人是否有特殊需求。告知客人制作时间，请客人耐心等候。

二、准备工作

开机预热	温杯	服务用具准备
打开机器，准备三条抹布，分别用于清洁机器、蒸汽喷头、粉碗	将咖啡杯正面朝上放在机器的温杯区	根据客人需求完成服务用具的准备。若有特殊需求应及时记录在表格中，避免遗漏。玻璃杯和陶瓷杯属于易碎品，要注意检查是否有缺口，防止划伤客人
	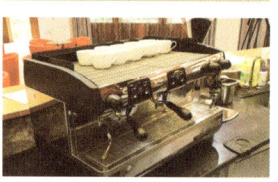	
检查确认蒸汽、热水、总开关全部打开。准备工作在 10 分钟以内完成	杯子必须完全擦干且正面朝上。易碎品清洗和擦干时应更加小心，避免安全隐患和物料损耗	

图 6-1-1　咖啡制作准备
Preparation for Making Coffee

三、浓缩咖啡制作

① 清洁手柄	② 接粉	③ 布粉	④ 压粉
手柄使用前须清洗并用专有抹布清洁	用接粉器或冲煮手柄接取咖啡粉	用震动或轻拍的方式使咖啡粉均匀	使用粉锤进行填压,力度为9—12kg

⑤ 手柄残粉清洁	⑥ 冲煮头清洁	⑦ 安装手柄进行萃取
扫除柄上多余的残粉,避免影响分水网密封圈的密封效果	在手柄安装之前,快速冲洗冲煮头	记录冲煮时间、液量等,若数据出现较大偏差,则须调整方案

图 6-1-2　制作浓缩咖啡
Making Espresso

> **想一想**
>
> 磨豆机研磨度的调节与浓缩咖啡萃取方案的调整有什么关系?

工作提示

1. 冲煮手柄上的咖啡残渣会影响咖啡的味道,也会影响机器的正常运行,制作前必须保证手柄无任何残渣。

2. 均匀的落粉可以增加萃取的均衡。使用接粉器或针式布粉器均可增加咖啡粉层分布的均匀性。

3. 使用手布粉时,应确认手是否干净干燥。布粉时切勿对分层施加压力。

4. 压粉时,身体应呈90度侧对操作台,手肘呈90度用力,避免对手腕施加压力从而造成身体损伤。

5. 填压后的分层应是紧实且水平的,水平填压可以增加萃取的均衡性。

四、经典咖啡制作

根据经典咖啡配方完成美式咖啡、拿铁咖啡和拿铁玛奇朵的制作。

餐厅服务

试一试

记录练习过程中的咖啡流速，归纳总结咖啡液流速受哪些因素的影响。

① 浓缩咖啡制作	② 加水	③ 混合
根据浓缩咖啡的制作标准，准备60毫升的浓缩咖啡	在带柄玻璃杯中加入热水至手柄位置	在热水中加入60毫升的浓缩咖啡，适当使用搅棒勺混匀

若客人选择单份意式浓缩咖啡，则注意在制作时使用单份粉碗，避免咖啡粉的浪费	热水温度应在90摄氏度以上	制作完后立即完成饮品服务，避免饮品降温带来风味缺失

图 6-1-3　制作美式咖啡
Making Americano

① 浓缩咖啡制作	② 牛奶打发	③ 蒸汽头清洁	④ 牛奶与咖啡液混合
根据浓缩咖啡的制作标准，准备60毫升的浓缩咖啡	使用咖啡机的蒸汽棒进行牛奶打发，并将牛奶加热至60—70摄氏度，奶沫以细腻反光为佳	使用专用抹布覆盖蒸汽头进行擦拭，再次打开开关排出冷凝水并擦干	使用奶缸将牛奶缓慢融合进咖啡液中，并完成拉花图案制作

制作拿铁咖啡的浓缩液时可直接使用出品杯	在奶缸中加入低于室温的牛奶。低温不仅易于打发，还可以延长打发时间使奶沫更加绵密	擦拭蒸汽头的专用抹布必须是湿润的，并且需要频繁进行清洁	制作过程中不可触碰杯口

图 6-1-4　制作拿铁咖啡
Making Latte

① 牛奶打发	② 牛奶注入	③ 浓缩咖啡制作	④ 牛奶和咖啡液混合
用蒸汽棒打发，并将其加热至60—70摄氏度，奶沫以细腻偏厚为佳	在窄高玻璃杯中倒入混合均匀的牛奶和奶沫	根据浓缩咖啡的制作标准，准备60毫升的浓缩咖啡，使用小号奶缸承接	将浓缩液小心注入牛奶中，等待奶沫与咖啡液形成完美的分层

根据牛奶量调整奶缸大小，避免浪费。蒸汽头使用完必须立即按标准完成即时清洁，避免冲击出粗泡	在奶缸中加入低于室温的牛奶。低温不仅易于打发，还可以延长打发时间使奶沫更加绵密	浓缩咖啡制作后尽快完成下一步操作	动作轻柔，避免冲击牛奶，破坏分层效果。牛奶和浓缩咖啡的温度差可以使分层更明显

想一想

如果将制作拿铁玛奇朵的杯子更换为矮杯或上下口径不一致的宽口杯，会对分层效果产生什么影响？请尝试进行制作。

图 6-1-5　制作拿铁玛奇朵
Making Latte Macchiate

五、经典咖啡服务

根据不同经典咖啡饮品的特点进行饮品出品和对客服务。咖啡饮品与其他饮品的出品方式相同，需使用托盘将咖啡饮品托送至餐桌，面带微笑向客人介绍咖啡饮品及饮用方式。在出品时应根据咖啡饮品的特点配上纸巾、糖包和咖啡勺等用品。

六、设备的清洁与保养

制作区清洁	温杯区清洁	磨豆机清洁
包括日常清洁和营业结束后的清洁。需要清洁分水网、密封圈、冲煮头、手柄和蒸汽棒等部件。冲煮头上的粉碗可以单独取下进行清洁，分水网和密封圈也可以使用螺丝刀卸下后进行深度清洁。日常清洁使用清洁粉和盲碗即可	这一区域的日常清洁主要是保证没有灰尘即可	磨豆机主要分为豆仓和刀盘区域。豆仓应每日清空，将未使用完的咖啡豆妥善保存。豆仓应使用清洁剂彻底清洁并保持干燥。刀盘的清洁可以使用研磨清洁片的方式，并使用气吹、吸尘器等工具辅助清除多余残粉

图 6-1-6　清洁保养设备
Equipment Maintance

卫生提示

1. 清洁时避免往下水槽大量注水，否则易造成下水管道堵塞。
2. 所有区域清洁完毕后应全部擦干，不留水渍。
3. 所有与咖啡粉接触的区域需要使用专用清洁剂进行清洁，保证不留残渣和油脂。
4. 温杯区下方就是机器的内部管道和线路，因此所有放在温杯区的杯子必须保证擦干。

安全提示

断电后刀盘通常会因惯性继续转动几秒才停止，应等刀盘完全停止转动后才可进行清洁。

总结评价

根据今天所学，可以将经典咖啡制作与服务的主要工作内容和要求整理成以下表格，请按照下列工作要求进行学习评价。

表6-1-2 经典咖啡制作与服务评价表（Classic Coffee）

对客点单	是/否
能根据客人的需求，提供有针对性的咖啡饮品推荐服务	
准备工作	是/否
能准确识别咖啡豆的烘焙度、排气状态，始终保证咖啡豆处于最佳饮用状态	
浓缩咖啡制作	是/否
能根据咖啡豆的性状，及时调整制作方案，始终保证浓缩咖啡的最佳饮用状态	

想一想

如果客人在点单过程中有特殊要求，应如何调整操作流程？

（续表）

经典咖啡制作	是/否
制作过程符合饮品卫生和食品安全标准	
能根据咖啡豆的性态和饮品制作标准，精确调整磨豆机的研磨度	
能根据咖啡种类，及时调整制作方案，始终保证浓缩咖啡的品质最宜用来进行经典咖啡的制作	
能按照经典咖啡制作流程，完成经典咖啡制作	
经典咖啡服务	是/否
能根据经典咖啡服务特点，完成咖啡饮品服务	
能及时关注客人的需求，提供个性化的咖啡饮品服务	
设备清洁与保养	是/否
能按照磨豆机的清洁与保养标准，完成磨豆机的清洁与保养	
能按照咖啡机的清洁与保养标准，完成咖啡机的清洁与保养	
能了解意式咖啡机的结构，掌握机器的使用方法，完成准备工作	

 拓展学习

咖啡拉花

咖啡拉花是运用牛奶奶沫冲击咖啡液形成对流纹路造型的艺术手法，图案对称、对比度清晰是对咖啡拉花图案的基本要求。请通过练习制作出爱心、树叶和郁金香三种咖啡拉花图案。

爱心拉花	树叶拉花	郁金香拉花

图 6-1-7　咖啡拉花作品
Latte Art

学习小贴士

练习拉花需要使用大量牛奶，可以在牛奶中加入 50% 的清水稀释牛奶，以减少牛奶的使用。

一、思考题

1. 面对多个咖啡饮品种类时,应该如何分配制作顺序?
2. 在未来的咖啡制作服务中,哪些制作过程是可以被机器取代的,哪些是难以被取代的?

二、技能训练题

今天有一家三口点了2杯咖啡拿铁和1杯卡布奇诺,你会怎样安排制作顺序并完成服务?请动手试一试,写下操作步骤和注意事项,并参照世赛评分标准进行学习评价。

表 6-1-3　经典咖啡制作与服务世赛评分表（Marking Scheme for Coffee Making）

自评价标准 Sub Criteria	项目类型 Aspect Type	描述 Description	分值 Score	描述 Description
经典咖啡制作 Coffee Making	测量 M	咖啡制作技术：制作过程干净卫生 Coffee — Technical — cleans	是/否 Yes / No	制作所有咖啡时都应遵循卫生标准 For all coffees
	测量 M	咖啡制作技术：萃取时间 Coffee — Technical — Extraction time	是/否 Yes / No	咖啡萃取时间应在25—30秒内 For all coffees, Espresso extraction time 25 – 30 secs
	测量 M	浓缩咖啡：等份/干净的杯子/相同的呈现 Espresso — equal portion / clean cup / identical presentation	是/否 Yes / No	浓缩咖啡基底制作 Espresso based
	测量 M	拿铁：等份/干净的杯子/相同的呈现 Latte — equal portion / clean cup / identical presentation	是/否 Yes / No	以牛奶为基础,层次清晰,适宜食用的温度 Milk based, clear layers, right temperature to serve
	测量 M	咖啡制作技术：可接受的浪费 Coffee — Technical — acceptable waste of coffee	是/否 Yes / No	制作后牛奶剩余小于50毫升,无咖啡粉浪费 No waste of milk more than 5cl, no waste of coffee powder

模块六　咖啡服务

（续表）

自评价标准 Sub Criteria	项目类型 Aspect Type	描述 Description	分值 Score	描述 Description
	判断 J	咖啡 Coffee	0	准备差，咖啡制作技术不一致，泡沫、奶油差，最终呈现差 Poor preparation and inconsistent coffee making technique, froth, crème poor, poor final presentation
			1	机器检查、最终出品可接受、制作后卫生情况可接受 Machine checked, reasonable attempt with adequate final product, acceptable finish
			2	机器检查和清洁、咖啡各方面优秀、一致性高，有部分创造力 Machine checked and cleaned, good product, froth, crème, temperature. Good final presentation, good consistent effort overall with some flare and creativity
			3	机器检查和清洁、咖啡各方面优秀、一致性高，制作高效卫生，最终呈现卓越 Machine checked and cleaned, excellent product with a high level of flare and skill, excellent timing and hygiene, excellent finished product

任务 2　特色咖啡制作及服务

学习目标

1. 能熟悉至少八个国家的特色咖啡的种类及特点。
2. 能始终关注客人的个性化需求，提供有针对性的推荐服务。
3. 能根据标准配方和制作流程，严格按照操作安全和卫生标准完成手冲滴滤咖啡和特色咖啡的制作。
4. 能了解手冲器具的种类并掌握清洁和保养方法。
5. 能在对客制作与服务的过程中，始终保持优雅的礼仪。

情景任务

查一查

全球著名的特色咖啡有哪些？它们分别是怎么制作的？

一个三口之家是特色咖啡的忠实爱好者。下午茶时间，他们来到海茗咖啡厅。女主人点了一杯手冲滴滤咖啡，刚满十八岁的儿子对菜单上的爱尔兰咖啡产生了兴趣。作为当日的咖啡师，请你根据点单情况进行准备工作，并为他们完成特色咖啡的制作与服务。

思路与方法

一、工作人员（WHO）

咖啡厅服务员。服务内容包括咖啡饮品的介绍、点单、制作与服务。

二、工作区域（WHERE）

工作台和客人桌边。工作台区域包括咖啡设备区、饮品制作区、餐具用具置放区，客人桌边指服务咖啡饮品时的工作站位区域和行走路线。

三、工作内容（WHAT）

1. 手冲滴滤咖啡的制作。称量咖啡豆并磨粉，准备滤杯，预热分享壶和咖啡杯，在客人桌边完成手冲滴滤咖啡的制作。

2. 爱尔兰咖啡的制作。准备制作用具，使用咖啡机制作黑咖啡并准备好打发的奶油，在客人桌边完成爱尔兰咖啡的制作。

四、工作原理（WHY）

特色咖啡饮品是在经典咖啡饮品的基础上，搭配烈酒、奶油、巧克力等制作而成。不同国家和地区，由于饮食习惯的差异，在经典咖啡饮品的基础上衍生出了各式各样的特色咖啡饮品，制作与服务时服务员要更细心地准备原料。

滴滤咖啡的制作全程不需要使用咖啡机，客人可以直观地看到新鲜咖啡粉在热水的作用下被制成一杯美味咖啡的过程。整个制作过程通常需要2—4分钟，可以通过引导客人闻咖啡的干香、湿香等过程，让客人更全面地感受单品咖啡的特殊风味。

传统爱尔兰咖啡是一款著名的特色咖啡，配方中的爱尔兰威士忌让其拥有与众不同的风味表现。传统制作方法只是在热咖啡中逐一加入爱尔兰威士忌、糖和奶油，如今逐渐演变为使用明火热酒的制作方式。这种方式因具有独特的观感和互动感，让这款特色咖啡更加受消费者喜爱。制作爱尔兰咖啡时，使用专用的加热炉和专属杯具，有利于提升客人体验，从而带来更好的服务评价和效益。

> **查一查**
>
> 查询资料，了解滴滤咖啡的工作原理，尝试对比咖啡不同制作方法之间的区别。

五、工作方法（HOW）

1. 根据客人的点单完成原料准备工作。

2. 使用托盘托送制作原料至餐桌，在客人面前完成特色咖啡的制作与服务。

3. 根据客人的座位正确摆放特色咖啡饮品，配备纸巾、咖啡勺。

六、工作工具（WITH）

1. 磨豆机（Coffee Grinder）。

2. 半自动意式咖啡机（Semi-automatic Espresso Machine）。

3. 咖啡滤纸（Filter Paper）。

4. 咖啡滤杯（Filter）。

5. 分享壶（Sharing Pot）。

6. 手冲壶（Pot）。

7. 抹布（Rag）。
8. 咖啡勺（Coffee Spoon）。
9. 擦杯布（Polishing Cloth）。
10. 爱尔兰咖啡杯（Irish Coffee Cup）。
11. 服务托盘（Service Tray）。
12. 餐巾纸（Tissue）。

 活动

根据标准制作流程完成手冲滴滤咖啡和爱尔兰咖啡的制作与服务。制作与服务结束后完成制作工具和设备的清洁与保养。

一、准备工作

在10分钟内完成机器的开机预热、温杯和其他制作服务用具的准备工作。根据客人需求完成表6-2-1。

表6-2-1 特调咖啡工具准备单（Tools for Special Coffee）

物料名称	数量	安全及卫生检查事项
滤纸（Filter Paper）		
滤杯（Filter）		
分享壶（Sharing Pot）		
手冲壶（Pot）		
玻璃杯（Glass）		
爱尔兰咖啡杯（Irish Coffee Cup）		
燃烧炉（Irish Coffee Réchaud）		
餐巾纸（Tissue）		
服务托盘（Service Tray）		

查一查

查询资料，了解世界各国的特调咖啡品种和制作方法。

安全提示

1. 玻璃杯和陶瓷杯属于易碎品，要注意检查是否有缺口，防止划伤客人。
2. 易碎品清洗和擦干时应更加小心，避免安全隐患和物料损耗。
3. 酒精等燃料的存放应保持避光、低温和干燥。

二、手冲滴滤咖啡制作

① 咖啡豆研磨
调节研磨机刻度，研磨粗细在 400—800 微米的咖啡粉

② 预热器具
准备 85—95 摄氏度的热水，充分预热分享壶和杯子并打湿滤纸

③ 注水
将目标量的热水分三次浇注在咖啡粉上，等待咖啡液完全过滤到分享壶中

图 6-2-1　制作手冲滴滤咖啡
Making Drip Coffee

试一试

搜集资料了解咖啡研磨度对手冲咖啡的影响，并尝试进行归纳。

工作提示

1. 提前根据粉水比计算最终使用的热水量，避免预热后再次准备冲煮用水带来的时间浪费。
2. 在注水的过程中，可以使用咖啡勺进行搅拌，这样能使咖啡萃取更加均匀，口感更加平衡。

三、特色咖啡制作

表 6-2-2　制作爱尔兰咖啡（Making Irish Coffee）

工具	材料	展示
• 爱尔兰咖啡加热炉； • 爱尔兰咖啡杯； • 火柴； • 放纸巾的碟子； • 3 把咖啡勺	• 40 毫升爱尔兰威士忌（Irish Whiskey）； • 黄糖； • 一壶黑咖啡； • 一个装有打发的稀奶油的奶扎； • 服务托盘	制作工作准备 服务托盘

准备好制作工具和材料后，开始进行制作。在爱尔兰咖啡杯中加入威士忌，使用燃烧炉进行加热，依次放入黄糖、咖啡和奶油。爱尔兰

咖啡的制作过程具有很好的展示性,可以在操作吧台或客人桌边进行。制作完成后,配上纸巾完成饮品服务。

> **礼仪提示**
> 1. 制作时,始终朝向客人,面带微笑,礼貌示意。
> 2. 男女同坐时应女士优先。

> **安全提示**
> 1. 烈性酒在燃烧时晃动的动作应轻柔,避免燃烧的液体洒出带来安全隐患。
> 2. 工作区域的灭火设施设备应全员熟知。
> 3. 爱尔兰咖啡制作时需要使用明火,应提示客人注意安全,避免客人因好奇导致的安全隐患。

四、制作工具和设备的清洁与保养

1. 制作工具的清洁与保养。制作特色咖啡使用的燃烧炉和手冲工具,必须按照卫生标准进行清洁并保持干燥。

> **卫生提示**
> 与咖啡接触的制作工具必须使用专业清洁剂进行清洁。

2. 制作设备的清洁与保养。磨豆机和咖啡机的清洁与保养参考任务一的内容进行。应将燃烧炉中的燃料清空并复原。

> **安全提示**
> 酒精等燃料在存放的过程中应保持密封、避光,并有醒目的警示标识。

查一查

查询资料,了解不同种类手冲咖啡器具的清洁及保养注意事项。

 总结评价

根据今天所学，可以将特色咖啡制作与服务的主要工作内容和要求整理成以下表格，请按照下列工作要求进行学习评价。

表 6-2-3　特色咖啡制作与服务评价表（Special Coffee）

准备工作	是/否
能根据特色咖啡制作的需要完成准备工作	
能严格按照卫生安全和工作安全标准进行操作	
能熟悉至少八个国家的特色咖啡种类及特点	
手冲滴滤咖啡制作	**是/否**
能按照滴滤咖啡的制作要求，调整研磨刻度，完成咖啡研磨	
能正确使用手冲器具完成滴滤咖啡制作	
制作过程中，能始终保持友好且优雅的对客交流	
制作过程中，能始终保持工作台面的卫生整洁	
特色咖啡制作	**是/否**
能始终关注客人的个性化需求，提供有针对性的推荐服务	
能按照滴滤咖啡的制作要求，调整研磨刻度，完成咖啡研磨	
能按照标准制作流程，对客完成特色咖啡的制作与服务	
能适度取用食材，不造成额外的食材浪费	
制作工具和设备的清洁与保养	**是/否**
能按照磨豆机的清洁与保养标准完成磨豆机的清洁与保养	
能按照咖啡机的清洁与保养标准完成咖啡机的清洁与保养	
能按照卫生标准完成手冲咖啡器具的清洁与保养	

说一说

制作滴滤咖啡使用的咖啡豆与制作意式咖啡的是否有区别？请说一说两种冲煮方式获得的咖啡液的感官区别。

 拓展学习

想一想

咖啡豆新鲜度变化给我们带来什么启示？为了保证咖啡的出品质量，应如何合理储存咖啡豆？

选取烘焙后2周、4周和8周的咖啡豆，分别制定浓缩方案并完成制作，记录制作参数，通过对比总结咖啡豆新鲜度对咖啡研磨和制作方案设定的影响。

 思考与练习

一、思考题

1. 除了使用明火进行酒液加热，是否还有其他的加热方式？请尝试用其他方式进行制作。

2. 奶油的打发程度是否会影响特色咖啡的出品效果？请尝试使用不同打发程度的奶油进行特色咖啡的制作。

二、技能训练题

今天有一桌客人点了2杯美式滴滤咖啡和2杯爱尔兰咖啡，你会怎样安排制作顺序并完成服务？请动手试一试，写下操作步骤和注意事项，并参照世赛评分标准进行学习评价。

表 6-2-4　特色咖啡制作与服务世赛评分表（Marking Scheme for Special Coffee Making）

自评价标准 Sub Criteria	项目类型 Aspect Type	描述 Description	分值 Score	描述 Description
特色咖啡 Special Coffee	测量 M	咖啡制作技术：制作过程干净卫生 Coffee — Technical — cleans	是 / 否 Yes / No	制作所有咖啡时都应按卫生标准清洁咖啡机及相关工具配件 For all coffees
	测量 M	咖啡制作技术：萃取时间 Coffee — Technical — extraction time	是 / 否 Yes / No	咖啡萃取时间应在25—30秒内 For all coffees, espresso extraction time 25 – 30 secs
	测量 M	浓缩咖啡：等份 / 干净的杯子 / 相同的呈现 Espresso — equal portion / clean cup / identical presentation	是 / 否 Yes / No	浓缩咖啡基底制作 Espresso based

（续表）

自评价标准 Sub Criteria	项目类型 Aspect Type	描述 Description	分值 Score	描述 Description
	测量 M	特色咖啡：等份/干净的杯子/相同的呈现 Special — equal portion / clean cup / identical presentation	是/否 Yes / No	根据配方制作 As per Recipe described
	测量 M	咖啡制作技术：可接受的浪费 Coffee — Technical — acceptable waste of coffee	是/否 Yes / No	制作后无原材料浪费，无咖啡粉浪费 No waste of ingredients, no waste of coffee powder
	判断 J	咖啡 Coffee	0	准备差，咖啡制作技术不一致，最终呈现差 Poor preparation and inconsistent coffee making technique, froth, crème poor, poor final presentation
			1	机器检查，最终出品可接受，制作后卫生情况可接受 Machine checked, reasonable attempt with adequate final product, acceptable finish
			2	机器检查和清洁，咖啡各方面优秀，一致性高，有部分创造力 Machine checked and cleaned, good product, froth, crème, temperature. Good final presentation, good consistent effort overall with some flare and creativity
			3	机器检查和清洁，咖啡各方面优秀，一致性高，制作高效卫生，最终呈现卓越 Machine checked and cleaned, excellent product with a high level of flare and skill, excellent timing and hygiene, excellent finished product

餐厅服务

任务 3 自创咖啡制作

 学习目标

1. 能熟悉创意咖啡饮品设计的原则与流程。
2. 能根据咖啡的风味,选择合适的工具和食材进行配方创作。
3. 能掌握至少五种装饰物的制作方法,为自创咖啡设计独特新颖的装饰物。
4. 具备节约食材的意识,在设计和制作过程中时刻注意食材的充分利用。
5. 能掌握刀具的安全使用规范和卫生操作标准流程。

 **情景任务**

想一想

咖啡饮品有哪些?

八月的上海炎热潮湿,黄先生午餐后独自一人来到海茗咖啡厅想要喝点与众不同的咖啡饮品。请你和黄先生进行充分沟通,为他设计一款以浓缩咖啡为基底的适合夏日饮用的自创咖啡饮品。

 思路与方法

一、工作人员(WHO)

咖啡厅服务员。服务内容包括咖啡饮品的介绍、点单、制作与服务。

二、工作区域(WHERE)

工作吧台和用餐区。工作吧台区域包括咖啡设备区、饮品制作区、餐具用具置放区,用餐区包括吧台就餐区和餐台。

三、工作内容(WHAT)

1. 确定咖啡的风味。通过闻和品的方法了解咖啡的风味特点。

2. 自创咖啡饮品的配方设计。根据咖啡的风味特征和季节特征选择食材，制定自创咖啡饮品配方。

3. 自创咖啡饮品的制作。根据自创配方，运用合适的制作方法完成饮品的制作。

4. 自创咖啡饮品的服务。有趣的名字可以增加吸引力，促进饮品销售。为饮品取名并按饮品服务流程完成服务。

四、工作原理（WHY）

自创咖啡不仅能提升客人对咖啡的接受度，也是探索咖啡创新更多的可能性。以浓缩咖啡为基底，通过食材和制作方式的调整，可以提升或改变浓缩咖啡本身的风味。除此以外，杯子和装饰物的搭配也可以为自创咖啡饮品的口感和外形增添光彩。

自创不是盲目的尝试，而是有规律、有目的的调整。自创咖啡的研发通常需要经历市场调研、产品研发、产品确定等一系列较长的过程。这个过程需要咖啡师熟悉人体的感官生理特征、味道之间的相互作用、不同杯子对感官的影响以及装饰物和名称对客人体验的影响等。

咖啡饮品的创作需要充分了解咖啡的风味。不同的生豆加工方式赋予了咖啡水果、花香、坚果和香辛料等多样的风味，随着烘焙程度的不同，干馏反应和焦化反应带来更多的坚果、巧克力、焦糖类的风味。风味的多样性使得咖啡可以搭配多样的食材，也为咖啡创作带来了更多的可能性。分辨咖啡风味时，可以使用"咖啡鼻子"（Le Nez du Cafe）帮助进行鼻前嗅觉的训练。通过练习，进行咖啡创意饮品设计时，可以更好地根据所使用的咖啡豆的香气特点，选择合适的搭配食材。

> **想一想**
>
> 构思自创咖啡饮品时需要考虑哪些因素？

五、工作方法（HOW）

1. 灵感追寻。从日常饮食中发现创作契机，寻找与咖啡豆的风味有关联性的风味食材。

2. 食材配比和处理工艺的选择。通过不同的食材配比和处理工艺的搭配，记录和评估饮品质量是否达到出品标准。

3. 容器选择。根据饮品容量、感官特征和想表现的感官效果选择合适的容器。

4. 装饰物设计与制作。根据饮品和容器的特点设计并制作装饰物。

5. 创意的整体呈现。为自创饮品取一个有吸引力的名字，配上纸巾及辅助饮用的用具，使用托盘将其托送至客人桌边，向客人介绍自创咖啡饮品的制作配方和饮用方法，为客人带来完美的饮用体验。

六、工作工具（WITH）

自创饮品的制作工具没有特殊限制，可以根据实际设计的配方选择合适的工具。磨豆机（Coffee Grinder）和半自动意式咖啡机（Semi-automatic Espresso Machine）是萃取浓缩咖啡必须使用到的设备。

通过品尝咖啡和果汁，了解其感官表现，建立味觉、触觉、嗅觉的感官认知。设计出一款适合夏日饮用的咖啡果汁自创饮品，包括合适的杯子和装饰物。在客人面前完成饮品介绍和服务。

一、确定咖啡的风味

1. 闻干香。研磨咖啡豆，闻其干香，尝试使用水果、花香、坚果等词汇描述咖啡中的芳香。

2. 品咖啡。在咖啡粉中加入90摄氏度左右的热水进行浸泡，5—8分钟后即可饮用，尝试从香气、味道和口感三个方面描述咖啡的特点。

> **安全提示**
> 使用浸泡方式获得的咖啡液温度较高，品尝时要小心烫伤。

查一查

通过阅读书籍或上网搜索，了解咖啡豆的种类和香气特点。

二、自创配方设计

1. 食材的搭配。通过对咖啡风味的捕捉，可以搭配合适的果汁、酒精饮料、风味糖浆等食材。例如：具有柑橘风味的咖啡豆，可以使用橙汁、柠檬汁、西柚汁等柑橘类的果汁搭配；具有奶油可可风味的咖啡豆，可以选取椰汁、巧克力糖浆、杏仁糖浆、榛果糖浆等食材进行搭配。

> **工作提示**
> 食材选用比例可参考鸡尾酒的搭配比例。

2. 制作工具的选择与准备。根据配方确定制作方法并选取相应的制作工具。

> **工作提示**
>
> 制作方法可参考鸡尾酒的制作方法,也可以根据需求采用独特的制作方法,无论采取什么样的方法都要提前选择和准备工具。

三、选择杯具

1. 根据液量选择杯具。常见杯具见表 6-3-1,可以使用量杯进行测量并填写表格。

表 6-3-1 载杯容量单(Glasses for Signature Cocktail)

杯型	容量大小
利口酒杯(Liqueur Glass)	
马天尼杯(Martini Glass)	
古典杯(Old Fashion Glass)	
玛格丽特杯(Margarita Glass)	
飓风杯(Hurricane Glass)	
洛克杯(Rock Glass)	
球形大白兰地酒杯(Brandy Balloon)	
烈性酒杯(Spirits Glass)	
平底玻璃杯(Tumbler / Slim Jim)	

> **工作提示**
>
> 1. 选择杯子时,饮品液量为杯子实际容量的七分满为宜,满杯不仅不利于客人饮用也不利于饮品服务托送。
> 2. 有泡沫呈现的饮品可以允许满杯,泡沫的流动性差、密度小、重量轻,不影响饮用和饮品托送。

查一查

查找资料,总结杯子的材质对饮品感官带来的影响。

学习小贴士

杯具材质越厚会吸收更多的热量，冰杯和温杯的时间需要相应延长。

2. 根据材质选择杯具。不同材质的杯子体现出不同的风味，装冷饮多用玻璃材质的杯子，装热饮常用陶瓷材质的杯子。

四、自创咖啡饮品的制作

1. 配料准备。请按照 MISE EN PLACE 的要求完成制作前的准备工作。

> **卫生提示**
> 使用咖啡机进行萃取后要随手清洁咖啡机。

2. 自创咖啡制作。按照自创配方完成自创咖啡制作。

> **礼仪提示**
> 制作全程应面带微笑，与客人保持眼神交流。

五、装饰物的设计和制作

1. 食材选择。根据自创咖啡风味选择合适的食材作为装饰物原料。

2. 食材加工。使用竹签穿插、挂在杯壁或直接放在饮品上等方法完成食材加工和饮品装饰。

学习小贴士

装饰物的制作应快速或提前准备，不应花过多时间制作装饰物而影响饮品服务的效率。

图 6-3-1　自创咖啡
Signature Coffee

六、自创咖啡饮品的服务

1. 饮品取名。自创咖啡饮品除了有令人愉悦的风味外，还应该有引人注目的名字。取名的方法有很多,可以引用文学作品里的文字,可以用谐音的方法,也可以参考借鉴鸡尾酒的酒名。好的名字可以激发客人消费的欲望,提升餐厅的营业额。

2. 饮品服务。可以参考任务二介绍特色咖啡制作的方式,在客人桌边进行饮品制作与服务,也可以先制作完成,托送至客人桌边时再用语言介绍制作过程及饮用建议。

总结评价

根据今天所学,可以将自创咖啡制作与服务的主要工作内容和要求整理成以下表格,请按照下列工作要求进行学习评价。

学习小贴士

自创咖啡的服务要点是与客人交流自创配方的构思和制作,目的是让客人充分了解和接受自创咖啡,提升客人的满意度。

表 6-3-2 自创咖啡制作与服务评价表(Signature Coffee)

项目	是/否
确定咖啡风味	是/否
能通过闻干香,使用恰当的词汇描述咖啡粉的香气	
能通过品尝咖啡,用合适的词语描述咖啡液的风味特点	
自创配方设计	是/否
能根据咖啡的风味特点选择合适的原材料,确认配方比例	
能根据原材料的特性,选择合适的制作方法	
选择杯具	是/否
能根据自创咖啡饮品的液量选择合适大小的杯子	
能根据自创咖啡饮品的风味特点选择合适材质和形状的杯子	
自创咖啡制作	是/否
在制作过程中,具备节约、环保意识,能避免液体洒出	
能熟练运用饮品制作技能完成自创咖啡的制作	
装饰物的设计和制作	是/否
能根据自创咖啡的风味特点选择装饰物的食材	
能快速完成装饰物制作,保证饮品处在最佳品鉴时期	

自创咖啡饮品的服务	是/否
能根据饮品特点,选择桌边制作或吧台制作	
能向客人介绍饮品,包括饮品的名字、饮用方法、风味特点等	

(续表)

咖啡雕花

  咖啡雕花是使用风味糖浆、奶沫、雕花针配合完成的咖啡饮品的装饰。不同糖浆风味的选择也会影响咖啡本身的风味。当选择风味糖浆作为自创咖啡的原材料时,不妨试试用雕花的方式对自创咖啡进行装饰。请参考图 6-3-2 所示,在咖啡的奶沫表面完成咖啡雕花的制作练习。

图 6-3-2 咖啡雕花作品
Etching

一、思考题

  1. 除了果汁、酒精和糖浆,你还能想到哪些可以用来进行自创咖啡制作的原材料?

  2. 用浓缩咖啡和滴滤咖啡作为基底制作出的自创咖啡有什么区别?请尝试制作并进行简单描述。

查一查

查找可以用来进行饮品分析的数据,并尝试使用科学仪器辅助饮品分析。

二、技能训练题

请只选择一种水果及其果汁完成自创咖啡的设计与制作，要求物尽其用，不浪费水果的任何一部分。然后参照世赛评分标准进行学习评价。

表 6-3-3　自创咖啡制作与服务世赛评分表（Marking Scheme for Signature Coffee）

自评价标准 Sub Criteria	项目类型 Aspect Type	描述 Description	分值 Score	描述 Description
自创咖啡 Signature Coffee	测量 M	自创咖啡：杯子 Signature Coffee — container / glass	是 / 否 Yes / No	洁净 Clean
	测量 M	自创咖啡：液量 Signature Coffee — level	是 / 否 Yes / No	保持一致 Equal and identical presentation
	测量 M	自创咖啡：无浪费 Signature Coffee — no wastage	是 / 否 Yes / No	主要食材无浪费 Main ingredients
	测量 M	自创咖啡：工作流程 Signature Coffee — workflow	是 / 否 Yes / No	安全卫生 Hygiene and safety
	测量 M	自创咖啡：配方 Signature Coffee — ingredients	是 / 否 Yes / No	根据配方进行制作 Follow recipe
	判断 J	自创咖啡制作过程 Signature Coffee procedure	0	非常糟糕，明显缺乏创造力和一致性。咖啡达不到可接受的标准 Very poor effort, clear lack of creativity, flare and consistency. Coffee not up to acceptable standard
			1	设计的咖啡产品可接受，展示了适当的卫生习惯 Reasonable effort to create a coffee product, some flare with adequate hygiene practices

（续表）

自评价标准 Sub Criteria	项目类型 Aspect Type	描述 Description	分值 Score	描述 Description
			2	表现出良好的一致性，有特点和创造力，有良好的卫生习惯 A good level of consistency, some flare and creativity with good hygiene practices
			3	表现出极大的创造力，优秀的卫生习惯，一致的程序 Great creativity, excellent hygiene practices, consistent procedures

附录 《餐厅服务》职业能力结构

模块	任务	职业能力	主要知识
1. 餐前准备	1. 岗前准备	1. 能展示优秀服务员应有的高品质与综合素养，包括良好的卫生习惯、得体专业的着装和仪表、有礼有度的言谈举止； 2. 能了解和掌握与健康安全、饮食环境、食品操作、食物卫生与服务相关的法律和规定； 3. 能呈现规范、专业的服务态度，以及高度的责任心和主动性； 4. 能恰当运用服务规范进行严格的卫生检查及整改； 5. 能及时发现并纠正餐厅内的安全和卫生隐患，始终确保用餐空间和服务空间安全、干净、整齐	1. 员工岗位职责和要求； 2. 餐饮服务行业所涉及的职业道德、得体的仪容仪表和举止仪态、规范的服务礼仪； 3. 与健康安全、饮食环境、食品操作、食物卫生、酒水销售与服务相关的法律和规定； 4. 工作环境易出现的安全隐患
	2. 餐具准备	1. 能用中英文双语流利地表述餐用具的名称，并说出不同餐具的用途； 2. 能根据接待任务的内容和规格，准备合适种类和数量的不锈钢餐具、玻璃杯具、瓷器以及其他必要的物品； 3. 能铺设精致的工作边台，确保台面平整，台布四边围合整齐、开口对称、下垂均等； 4. 能根据不同餐具的特点抛光清洁餐用具，确保餐具整洁光亮	1. 餐厅常见材料和设备，包括刀叉等餐具、瓷器器皿、玻璃器皿、餐巾、家具等； 2. 餐具的中英文名称、用途及抛光方法； 3. 工作边台的铺设要求； 4. 清洁餐具的检查方法
	3. 餐台铺设	1. 能掌握不同台型台布的铺设方式； 2. 能根据不同的场景和场合，折叠突出主题的精致餐巾花； 3. 能根据用餐要求一次性铺设餐具和用品，呈现精致的台面； 4. 能始终保持操作过程安全、卫生； 5. 能始终保持操作动作规范、流畅、优雅	1. 常见台布铺设方式； 2. 餐巾折花的方法和原则； 3. 不同用餐方式的布台方法
	4. 用品准备	1. 能根据接待任务的要求，准备餐具柜和服务边台，合理布放服务用品； 2. 能根据菜单中的菜品准备调味品，调制调味料； 3. 能熟悉菜单中菜肴的特点，熟练运用中英文介绍菜单和酒水单	1. 餐具柜和服务边台的准备原则； 2. 调味品的准备方法； 3. 菜单的种类

(续表)

模块	任务	职业能力	主要知识
2. 对客接待	1. 迎宾服务	1. 能热情迎接客人，识别客人的不同就餐需求； 2. 能规范引导客人到相应就餐区并协助客人入座； 3. 能通过预订、等候名单等方式合理有效地导引客流； 4. 能与客人顺畅沟通，主动发现客人的需求，并及时妥善地处理问题	1. 客人的就餐心理及需求类型； 2. 迎宾服务常用的中英文表述； 3. 餐厅就餐的客流特点
2. 对客接待	2. 点单服务	1. 能熟练运用中英文准确流利地介绍菜单上的全部菜肴； 2. 能关注客人的就餐需求，在客人点单时提出适当的建议和指导，与客人顺畅沟通，服务态度不卑不亢； 3. 能准确地接受客人的点单并复述确认； 4. 能根据点单内容及时调整餐台餐具； 5. 能随时关注客人的就餐心理变化和需求表现，及时提供有针对性的服务	1. 常见菜单内容的解读； 2. 菜单中相关菜肴的知识及菜肴与酒水搭配的知识； 3. 菜肴与酒水推荐技巧
2. 对客接待	3. 就餐服务	1. 能遵循相应的餐桌礼仪为客人提供席间服务； 2. 能在上菜间隙适时提供酒水饮料补充服务； 3. 能熟练地从客人的餐桌上清理餐盘和其他物品； 4. 能在合适的上菜间隙清理桌面（如面包屑）； 5. 能针对不同的客人或客人群体，采用不同的交流方式，与客人进行有礼有节的有效沟通	1. 席间服务内容； 2. 常见服务方式及适用场合； 3. 常用对客服务用语的中英文表述； 4. 常见就餐问题的处理及应对方法； 5. 自始至终保持清洁和安全的工作方法； 6. 对客服务心理及有效沟通的方式
3. 席间食物服务	1. 前菜制作	1. 能按照要求准备前菜制作和装盘所需的用具和用品； 2. 能制作经典前菜并合理装盘； 3. 能在制作过程中严格遵守安全卫生条例； 4. 能按照餐厅类型和服务要求为客人提供前菜服务； 5. 能与客人保持良好沟通	1. 前菜制作准备工作的要求； 2. 常用前菜调料酱汁的制作方法； 3. 沙拉和鞑靼类前菜的制作方法与制作过程

（续表）

模块	任务	职业能力	主要知识
3. 席间食物服务	2. 主菜分派	1. 能根据要服务的主菜类别，准备需要的服务用具和用品； 2. 能根据主菜不同的食材特点，使用正确的分切技术进行菜肴分割，并将主菜和配菜合理装盘呈现； 3. 能用银盘式服务和旁桌式服务分派主菜和酱汁； 4. 能在服务过程中与客人保持良好的沟通； 5. 能在主菜分派服务过程中，严格遵守安全卫生条例，按照餐厅服务规格采用相应的对客服务方式，为客人提供优雅精致的服务	1. 主菜类型及其食用特点； 2. 主菜切割服务的准备工作要领； 3. 主菜（鸡、鸭、牛肉、羊排、鱼等）切割的方法与过程； 4. 主菜装盘的要求； 5. 主菜切割的安全规范； 6. 主菜服务的礼仪规范
	3. 甜品制作	1. 能根据要制作的甜品准备好服务用品和用具； 2. 能根据要制作的甜品准备好所有的原料和配料； 3. 能熟练地制作火焰类甜品并注意操作安全； 4. 能使用正确的手法进行甜品装饰和装盘； 5. 能在甜品制作过程中，按照餐厅的要求为客人提供规范的服务，同时严格遵守餐厅的安全卫生条例	1. 甜品服务的准备工作要领； 2. 焦糖类甜品的制作过程及服务要求； 3. 甜品装盘的要求； 4. 甜品制作的安全规范； 5. 甜品服务的礼仪规范
	4. 芝士服务	1. 能说出常见芝士的名称及特点； 2. 能根据芝士的特点选用不同的芝士刀； 3. 能合理切割芝士并制作芝士拼盘； 4. 能为客人提供芝士服务； 5. 能根据不同芝士为客人推荐与之搭配的酒水	1. 芝士的基本类别、保存和食用温度、口感、特点； 2. 不同芝士的切割要领； 3. 制作芝士拼盘的要领； 4. 芝士服务的要求； 5. 与芝士搭配的酒水
4. 席间酒水服务	1. 无酒精饮料服务	1. 能根据客人需求，服务相应类别的矿泉水、茶、咖啡及其他饮品，并做好清理工作； 2. 能以俄式服务或美式服务的方式，服务茶和咖啡及其随餐物品； 3. 能在餐后服务咖啡，并提供配套随餐物品服务； 4. 能在服务过程中严格遵守安全卫生条例和避免浪费的原则，为客人提供优雅精致的服务	1. 矿泉水的种类及服务方式； 2. 茶的种类及服务方式； 3. 咖啡的种类及服务方式； 4. 无酒精饮料的服务安全和卫生要求

(续表)

模块	任务	职业能力	主要知识
4. 席间酒水服务	2. 含酒精饮品服务	1. 能熟悉餐食与酒水搭配的原则，为客人提供个性化的佐餐酒水定制搭配服务； 2. 能了解餐厅的运营状况，推荐酒水时具备经营意识； 3. 能熟练掌握起泡酒、红白葡萄酒和啤酒的侍酒方法，为客人提供席间酒水侍酒服务； 4. 能在对客进行席间酒水服务时，保持高度的卫生和清洁标准； 5. 能在为客人提供侍酒服务时，始终保持与客人的眼神交流	1. 餐前酒水的类型； 2. 啤酒的种类； 3. 起泡酒的特点及服务方式； 4. 红葡萄酒的特点及侍酒方法； 5. 白葡萄酒的特点及侍酒方法； 6. 餐后酒水的类别及斟倒标准； 7. 各国关于酒水的法律规定
5. 酒吧服务	1. 葡萄酒推销	1. 能根据酒标的基本信息，准确解读葡萄品种、产地、制作工艺、年限和特点等信息； 2. 能根据食物与葡萄酒搭配的原则，合理建议餐酒搭配； 3. 能在推销葡萄酒时，保持高度的卫生和清洁标准； 4. 能依照当前的法律法规，在进行葡萄酒推销时，考虑尺度、客人的年龄、服务时间和服务地点等因素，展示良好的职业素养	1. 葡萄酒的基本知识，包括葡萄酒的储存条件、对葡萄生长与成熟造成影响的环境因素、葡萄酒的酿造工艺等； 2. 主要红、白葡萄酒品种的特征和主要产区； 3. 酒标术语和基本信息； 4. 食物与葡萄酒口味相互影响的因素
	2. 酒水识别	1. 能根据酒香、味道和外观，准确识别至少40款葡萄酒； 2. 能通过视觉、嗅觉及酿造工艺和特征，准确识别烈酒、加强葡萄酒、开胃酒和利口酒； 3. 能根据利口酒的特点，合理进行餐酒搭配； 4. 能在酒水识别中，展示优雅的职业素养	1. 葡萄酒品尝和评估的方法； 2. 利口酒的特点和餐酒搭配； 3. 基本烈性酒的酿造工艺和特征； 4. 不同国家对酒精类饮品销售的规定
	3. 经典鸡尾酒制作及非酒精饮品制作	1. 能熟练掌握鸡尾酒制作工具的使用方法； 2. 能根据客人的个性化需求，提供定制化鸡尾酒服务； 3. 能在制作和服务时，保持高标准的卫生和清洁要求； 4. 能按照当前的相关法规，在提供含酒精饮品的服务时，考虑尺度、客人的年龄、服务时间和服务地点等因素； 5. 能熟练掌握鸡尾酒和小食服务的流程，时刻关注客人的需求并及时沟通解决	1. 鸡尾酒的知识； 2. 常用调酒用具的使用方法； 3. 常用鸡尾酒的制作方法； 4. 常用非酒精饮品的制作方法； 5. 常用鸡尾酒及非酒精饮品的配方； 6. 装饰物的制作方法； 7. 鸡尾酒及非酒精饮品服务的卫生和清洁标准； 8. 不同地区服务酒水的年龄的法律依据

（续表）

模块	任务	职业能力	主要知识
6. 咖啡服务	1. 经典咖啡制作及服务	1. 能准确识别咖啡豆的风味、烘焙、制作等相关的知识； 2. 能掌握机器的使用方法，严格按照操作安全和卫生标准制作经典咖啡； 3. 能根据咖啡豆的种类和性状，制定萃取方案，始终保持萃取出符合标准的浓缩咖啡； 4. 能正确完成机器的清洁和保养工作； 5. 能及时关注客人的需求，提供个性化的咖啡饮品服务	1. 常见咖啡豆的种类、产地和储存条件； 2. 咖啡豆的烘焙程度及研磨要求； 3. 意式咖啡机的构造及清洁要求； 4. 意式浓缩咖啡的制作流程及咖啡品质特点； 5. 经典咖啡的制作流程（美式、卡布奇诺、馥芮白、拿铁等）； 6. 经典咖啡的服务流程、配套餐具及随餐物品
	2. 特色咖啡制作及服务	1. 能熟悉至少八个国家的特色咖啡的种类及特点； 2. 能始终关注客人的个性化需求，提供有针对性的推荐服务； 3. 能根据标准配方和制作流程，严格按照操作安全和卫生标准完成手冲滴滤咖啡和特色咖啡制作； 4. 能了解手冲器具的种类并掌握清洁和保养方法； 5. 能在对客制作与服务过程中，始终保持优雅的礼仪	1. 特色咖啡的种类（爱尔兰咖啡、法式咖啡、意式咖啡、瑞士咖啡、西班牙咖啡、俄式咖啡等）； 2. 用于制作特色咖啡的利口酒和烈性酒的种类与特点； 3. 经典特色咖啡的配方和制作流程； 4. 经典特色咖啡的服务流程、配套餐具及随餐物品
	3. 自创咖啡制作	1. 能熟悉创意咖啡饮品设计的原则与流程； 2. 能根据咖啡的风味，选择合适的工具和食材进行配方创作； 3. 能掌握至少五种装饰物的制作方法，为自创咖啡设计独特新颖的装饰物； 4. 具备节约食材的意识，在设计和制作过程中时刻注意食材的充分利用； 5. 能掌握刀具的安全使用规范和卫生操作标准流程	1. 咖啡饮品销售的流行趋势； 2. 自创咖啡装饰物的选择原则； 3. 可用于自创咖啡制作的杯型的特点； 4. 自创咖啡需要考虑的因素（客人、季节、宗教信仰等）

编写说明

《餐厅服务》世界技能大赛项目转化教材是由上海南湖职业技术学院、上海市南湖职业学校联合行业专家，按照上海市教育委员会教学研究室世赛项目转化教材研究团队提出的总体编写理念、教材结构设计的要求，共同编写完成。本教材可作为职业院校酒店管理相关专业的拓展和补充教材，建议完成主要专业课程的教学后，在专业综合实训或顶岗实践教学活动中使用，也可作为相关技能职业培训教材。

本书由上海南湖职业技术学院胡跃忠、孟伟担任主编，负责教材内容设计和组织协调工作。教材具体编写分工如下：孟伟撰写模块一、模块二、模块三（任务二），高美撰写模块四（任务一）、模块五（任务一、任务二），徐巧稚撰写模块四（任务二）、模块五（任务三）、模块六，上海市南湖职业学校相敏撰写模块三（任务一、任务三、任务四），Maison L'Arc集团的孙敬凯参与撰写模块四（任务二）和模块五（任务三），上海南湖职业技术学院余冬清参与文中所涉外文翻译。全书由胡跃忠、孟伟统稿。

在编写过程中，得到第43—46届世界技能大赛餐厅服务项目中国集训牵头基地上海市南湖职业学校芦秀兰校长的鼎力支持、上海市教育委员会教学研究室谭移民老师的悉心指导，以及复旦大学吴本教授、上海杉达学院管理学院朱承强教授等多位专家的关心支持，上海翡洱信息科技有限公司陆菲莉总经理、柳俊老师对照片拍摄的帮助，在此一并表示衷心感谢。

欢迎广大师生、读者提出宝贵意见和建议。

图书在版编目（CIP）数据

餐厅服务 / 胡跃忠，孟伟主编. — 上海：上海教育出版社，2022.8
ISBN 978-7-5720-1643-1

Ⅰ.①餐… Ⅱ.①胡… ②孟… Ⅲ.①饮食业-商业服务-中等专业学校-教材 Ⅳ.①F719.3

中国版本图书馆CIP数据核字(2022)第155168号

责任编辑　茶文琼
书籍设计　王　捷

餐厅服务
胡跃忠　孟　伟　主编

出版发行	上海教育出版社有限公司
官　　网	www.seph.com.cn
地　　址	上海市闵行区号景路159弄C座
邮　　编	201101
印　　刷	上海锦佳印刷有限公司
开　　本	787×1092　1/16　印张 13.5
字　　数	295 千字
版　　次	2022年8月第1版
印　　次	2022年8月第1次印刷
书　　号	ISBN 978-7-5720-1643-1/G·1517
定　　价	46.00 元

如发现质量问题，读者可向本社调换　电话：021-64373213